CW00502004

Philippe Labro

« On a tiré sur le Président »

Gallimard

Philippe Labro, écrivain, cinéaste, journaliste, a publié aux Éditions Gallimard *Un Américain peu tranquille* (1960), *Des feux mal éteints* (1967), *Des bateaux dans la nuit* (1982). En 1986, *L'étudiant étranger* lui vaut le prix Interallié. En 1988, *Un été dans l'Ouest* obtient le prix Gutenberg des lecteurs. Après *Le petit garçon*, en 1990, Philippe Labro publie *Quinze ans* en 1992 puis, en 1994, *Un début à Paris*, qui complète le cycle de ses cinq romans d'apprentissage. En 1996 paraît *La traversée*, un témoignage sur une épreuve majeure de santé, suivi en 1998 par *Rendez-vous au Colorado*. En 1999, Philippe Labro fait parler *Manuella*. En 2002 paraît *Je connais gens de toutes sortes*, recueil de portraits revus et corrigés, en 2003 un nouveau témoignage, *Tomber sept fois, se relever huit*, traitant de la dépression. En 2006, avec *Franz et Clara*, il offre un surprenant roman d'amour et tisse en 2009, dans *Les gens*, trois destins en quête de bonheur, avant de rassembler en 2010 ses chroniques journalistiques dans *7500 signes*. En 2013, il raconte dans *Le flûtiste invisible* trois histoires dues au hasard qui fait basculer les vies. En 2013, il livre dans *« On a tiré sur le Président »* son enquête passionnante, témoignage vécu, sur l'assassinat de John Fitzgerald Kennedy à Dallas.

Pour Jean-Pierre, mon frère aîné et aimé

« Le soleil s'obscurcit et se charge de sang.
Adieu, belle lumière du jour ! »

WILLIAM SHAKESPEARE

1

Il y a eu un bruit, un son, un peu brutal, un peu sec, comme quelque chose qui se brise violemment, qui se fracture, craque, quelque chose de suffisamment éclatant pour dominer le bourdonnement des automobiles et les cris des piétons. Dans l'instant, c'est-à-dire dans le milliardième de seconde, certains ont cru que c'était un *fire cracker* — comme dans les feux d'artifice : un pétard, une fusée.

Dans l'instant seulement.

D'autres — dont Jackie — ont cru qu'il s'agissait d'un raté du tuyau d'échappement d'une des motos qui encadraient la limousine couleur bleu foncé — bleu-noir. La grosse limousine que Kennedy aimait bien. Pourquoi ? Parce qu'elle était spacieuse et qu'elle roulait, tel un carrosse moderne, ouvert aux regards de tous, et qui avançait en émettant une sorte de gros ronron, une musique qui lui plaisait, la musique du pouvoir.

D'autres, en revanche, et dans la même parcelle suspendue de temps, ont tout de suite identifié le bruit. Ce court fracas. Les Américains sont tellement familiers de l'arme à feu. Ils connaissent tellement bien l'appel violent d'une arme dans un ciel pur, cette dislocation subite de la nature, la marque d'une civilisation et d'un passé. La musique abrupte et fascinante qui accompagnait la conquête d'un espace infini, un continent inconnu. L'inarrêtable cri du Colt ou de la Winchester pour posséder les terres sauvages et en déloger les tribus natives.

Et puis, dans le convoi présidentiel, il y avait des Texans, des flics, des agents secrets, des militaires, des gens qui avaient fait la guerre. Et eux n'ont eu aucune difficulté à identifier le son — même s'ils ne pouvaient pas raisonnablement l'accepter. Il a fallu deux autres coups pour que, dès lors, tout le monde comprenne.

Tout le monde — si stupéfiant et incroyable que cela puisse être. Il était 12 h 30, heure locale à Dallas, Texas, USA, le 22 novembre 1963, un vendredi fatal, et ils ont tous compris qu'il s'agissait de coups de feu.

Trois coups. Du feu. La mort. La tragédie. Et bientôt, la phrase qui serait la plus prononcée à travers l'immense espace américain :

« *The President has been shot.* »

« On a tiré sur le Président. »

Je traduis ainsi — mais la traduction littérale devrait être : « On a tué le Président. » *To shoot*, ça veut dire tirer, et tuer — mais la première fois que la phrase fut prononcée, on ne savait pas encore que JFK était déjà en train de mourir. Voilà pourquoi il est plus exact d'écrire ce qu'ils dirent tous :

« On a tiré sur le Président. »

2

Moi, cette phrase, il m'a fallu quelques longues secondes pour l'intégrer. Car, au début, ce n'était qu'une onomatopée gueulée à pleine gorge. Incompréhensible.

Je voyais un point noir qui s'agitait et qui venait du bout du campus et se ruait vers nous et criait des mots indéchiffrables. Petit à petit, ou plutôt vite à vite, le point noir qui hurlait en courant n'était plus un point noir, mais grossissait pour devenir la forme d'un jeune homme. Il agitait ses bras dans tous les sens, on eût dit qu'il y avait quelque chose de désarticulé et d'hystérique dans son corps paniqué, avec cette voix ni grave ni aiguë, mais un mélange des deux — ça montait dans le haut perché ou bien ça descendait dans le fond de gorge, comme si ce gamin était incapable de contrôler quoi que ce soit. Comme si le hurlement répétitif dont il était l'auteur avait, la course aidant, et son souffle s'épuisant, transformé toute sa personne en une sorte de jouet cassé. Le messager de la catastrophe. L'interprète de la stupéfaction générale, nationale, et qui deviendrait vite internationale.

C'était le 22 novembre 1963 et je me trouvais ce matin-là, ou plutôt cette fin de matinée, avec une équipe de la télévision française comme journaliste intervieweur, venu pour le compte de « Cinq Colonnes à la une » — l'émission phare qui, à elle seule, en France, une fois par mois, vidait les restaurants et les salles de cinéma dans tout le pays — afin d'effectuer, au sein de la prestigieuse université Yale, dans le Connecticut, sur la côte Est des États-Unis, un document sur le système éducatif américain.

Il n'y a pas de hasard : j'avais été envoyé là parce que deux années d'études en Virginie, au milieu des années 50, avaient fait de moi à tort ou à raison, au sein du grand journal *France-Soir*, dont j'étais un tout jeune collaborateur, un connaisseur de la chose américaine. C'était peut-être la raison principale pour laquelle j'avais été distingué par Pierre Lazareff, le pape de la presse de l'époque, qui fut l'un de mes mentors. Il avait l'indulgence de dire que j'étais devenu son « fils spirituel ».

À « Cinq Colonnes à la une », dont Lazareff était le créateur, avec Pierre Dumayet et Pierre Desgraupes à ses côtés (mais c'était lui qui fournissait les troupes, l'argent, et qui avait obtenu ce privilège de produire et diffuser, sur la seule chaîne de télévision existant à l'époque, un magazine mensuel d'actualité qui servirait de référence pour des décennies à suivre), Lazareff avait sans doute dû dire, ou c'était venu d'un des autres « papas » (c'est ainsi qu'on les surnommait, les trois Pierre, les « papas ») :

— Vous voulez faire un sujet sur les campus américains ? Eh bien, envoyez Labro.

Il n'y a pas de hasard. Il n'y a même pas de chance. J'étais revenu bilingue de ces années d'études dans la petite université de Virginie, (Washington and Lee), entre dix-huit et vingt ans, et relativement bien informé sur l'Amérique, son histoire, cette société encore peu familière à une partie de ma génération. Il était donc tout à fait logique que je me retrouve, en cette fin de matinée ensoleillée, telle qu'en offre l'été indien — *Indian summer* —, à Yale, debout dans la cour extérieure d'un des immeubles de la célèbre institution. J'y interrogeais un professeur qui avait le mérite de parler un bon français.

Tout cela était normal, attendu, et, pour moi, presque de la routine. Mais il était singulier que cet entretien — après que le clap eut été donné par un assistant du cameraman — soit troublé par l'arrivée de ce jeune homme qui hurlait des mots incompréhensibles. Quelque chose comme :

— *Th... poion... a... bin... ot...*

Cependant, nous avons tous reconnu l'un des

étudiants qui nous avait été délégué pour nous aider dans nos rendez-vous et, bien vite, j'ai enfin compris, comme les quatre techniciens et le réalisateur français, comme le prof éberlué, stupéfait, son visage virant instantanément vers une couleur livide, j'ai compris ce que psalmo-diait, de sa voix haute et hantée, le jeune étu-diant hors de lui-même :

— *The President has been shot ! The President has been shot !*

Il s'est arrêté devant nous, les yeux baignés de larmes, les joues écarlates, la bouche ouverte qui cherchait de l'air, tout encombré qu'était son corps par l'effort qu'il faisait afin de parvenir à cesser de mouliner cette phrase, comme s'il voulait s'en débarrasser, extraire définitivement de sa chair et de sa pensée ce qui représentait, à cette minute, la sidération unanime de tout un pays. 189 millions 241 mille 798 Américains qui saisiraient petit à petit, au cours de la journée, de façon sporadique, désorganisée, la magni-tude de la nouvelle. Il y a tant d'espace entre les régions en Amérique, et les choses, à l'époque, ne se savaient pas simultanément. Nous n'étions pas à l'âge des smartphones, des satellites, du « tout info 24 heures sur 24 » — nous en étions encore loin — et les « *news* » ne se recevaient pas de façon unanime, où que l'on soit, quelle que fût l'heure.

Nous avons réussi à calmer le jeune homme. Il a fini par se recomposer. Il nous a appris que la radio venait de diffuser un premier bulletin annonçant qu'à Dallas, au Texas, le trente-cinquième président des États-Unis, John Fitzgerald Kennedy, avait été atteint par des coups de feu. Il n'en savait pas plus. C'était juste après 12 h 30 — vers 12 h 40. Le tournage s'est aussitôt interrompu.

J'ai regardé les techniciens de l'équipe de télévision et leur réalisateur. J'ai senti que je n'avais plus rien à faire à Yale. L'instinct du journaliste de terrain, du fait-divers, du « chaud », a chassé toutes réflexions, tous calculs, toutes considérations à l'égard de ce petit groupe dont j'étais pourtant l'un des membres. Je leur ai tourné le dos. Une urgence s'était emparée de moi, j'ai demandé à l'étudiant de m'aider à trouver un téléphone. Je ne me souviens plus de son nom mais, cinquante ans plus tard, à travers les e-mails, il a repris contact avec moi, me demandant si j'avais pu conserver un extrait du plan que nous avions tourné lorsqu'il arrivait vers nous. Comme si cet homme, devenu l'adulte d'aujourd'hui, voulait aussi posséder un instant, un souvenir de ce qui l'avait tellement traumatisé. Cette image, évidemment, est perdue, si elle a, d'ailleurs, jamais été tournée.

Mais je reviens à cet instant. Il faut trouver un téléphone. Ça n'est pas aussi facile que cela. Depuis que je pratiquais le reportage, et particulièrement ce que l'on appelle souvent et faussement le grand reportage (en réalité, il n'y a ni grand ni petit reportage, il n'y a que la vérité du terrain, que ce soit en banlieue parisienne ou en Indonésie...), je savais que l'action première consiste à récupérer un téléphone — le coloniser — l'exclusiviser — pour ensuite dicter aux sténos du journal le premier papier, les premières impressions, le vécu ou le vu, l'immédiat.

Le jeune étudiant m'a dirigé vers un bureau sur lequel trônait ce bel objet noir de Bakélite, grâce auquel nous avons obtenu une opératrice de l'université pour engager un *collect call*, équivalent du PCV français — c'est votre correspondant qui paye, pas vous — et ainsi atteindre en peu de temps — quelques minutes — la direction de la rédaction de *France-Soir*.

— Qu'est-ce que tu fous là ? On te cherche partout. Tu laisses tomber la télé. « Cinq Colonnes », c'est bien gentil mais c'est du mensuel, et puis tu bosses à *France-Soir*, mon p'tit gars, tu es employé de *France-Soir*. Alors démerde-toi, tout ton problème, c'est de partir le plus vite possible.

C'était un chef de service, il ne m'a pas donné son nom. Il était expéditif, presque désagréable :

— C'est Lazareff qui nous a donné l'ordre. Il nous a dit : trouvez-le-moi et qu'il taille la route. Fissa ! Appelle-nous quand tu seras à New York. Démerde-toi pour être le plus tôt possible au Texas. Salut.

3

— Où étiez-vous le jour où l'on a tiré sur Kennedy ?

Cette question a été posée pendant des décennies, au cours de dîners, déjeuners, réunions, conversations diverses, n'importe où dans le monde — et pas seulement dans le monde occidental.

Pour toute une génération — pour plusieurs générations, en réalité —, le 22 novembre 1963 aura constitué l'équivalent de ce que fut, trente-huit ans plus tard, le 11 septembre 2001. Dans l'inconscient collectif, il existe quelques dates, rarissimes, qui mettent instantanément en marche l'horloge de la mémoire. Des dates que l'on peut considérer comme universelles et qui vous donnent la sensation de vivre une page de l'Histoire — vous font prendre conscience de vivre un « grand tournant ».

Ainsi, il est coutumier de se souvenir où l'on était le jour où l'homme a marché pour la première fois sur la Lune — le jour où le mur de

Berlin est tombé — le jour où les kamikazes de Ben Laden ont réussi leur coup au-delà de leur propre espérance en détruisant les deux tours du World Trade Center de New York. Ça s'appelle une rupture historique. Eh bien, le 22 novembre 1963 appartient à cette catégorie de moments : magnitude de l'événement, surprise et choc, effarement et chagrin dès les premières heures et dans les jours qui suivirent. L'attentat de Dallas s'inscrit dans la liste des ruptures — avec, cependant, une once supplémentaire sur l'échelle de Richter de l'émotion universelle. En effet : la Lune, les hommes en sont revenus. On a tout regardé, tout filmé, tout compris, tout vécu. Berlin ? Cela a duré plusieurs jours et les conséquences politiques ont été longues et multiples, mais explicables. On peut encore aujourd'hui les mesurer. Le 11 septembre 2001 ? On a relativement vite identifié les coupables et les responsables, même si les conséquences de cette destruction massive n'étaient, dans l'ensemble, pas encore prévisibles. (Irak, entre autres choses.) Cependant, on a vite su et compris qui avait commis le crime. Et au nom de quoi.

Dans le cas de Dallas, deux éléments dominent ces autres dates clés : cinquante ans plus tard, un doute plus ou moins raisonnable subsiste et la question : « Qui a tiré et pourquoi ? » n'a cessé d'être posée, engendrant une culture, une industrie de la conspiration et du complot qui n'a cessé de se développer. Voici qu'elle atteint son apogée, cinquante ans plus tard. On va tout lire, on va tout revoir, même si, le temps ayant fait son œuvre, ce que l'on reverra ne sera pas ce que l'on a cru voir. JF Kennedy demeure un mythe, un héros, une icône, le sujet d'une fascination qui a perduré au-delà des générations et des décennies. Un demi-siècle est passé et les deux M sont profondément ancrés dans l'esprit de millions de gens : M comme mystère, M comme mythe.

— Où étiez-vous quand on a tiré sur Kennedy ?

— Ah, je me souviens très bien, vous répondent-ils, ou vous répondent-elles.

Et de détailler l'endroit, l'action, l'humeur, la position, la présence, ce jour-là. Voilà pourquoi j'entame ce récit par la vision, toujours vive, de ce point noir qui grossissait à l'horizon en criant des mots incompréhensibles — cette vision très présente dans ma mémoire pourtant incomplète, comme toutes les mémoires. Le point noir qui formulait la phrase que j'ai choisie pour titre de ce livre.

Sur Dallas, sur JFK, sur Ruby, sur Oswald, les questions et les réponses, il a été écrit et publié d'innombrables ouvrages (selon la presse US, plus de 1 400 à ce jour). Il y a eu autant de milliers de documents télévisés, films, myriades et efflorescences d'interviews exclusives ou non, révélations, contestations, théories et contre-théories. Le Web, depuis qu'il existe, contient un véritable univers de références — témoins de la dernière heure, révélations et affirmations, extraits d'émissions de télévision, américaines ou étrangères (les Britanniques sont plutôt excellents dans ce genre de travail), avec, en outre, la multitude de messages et commentaires d'une masse d'inconnus. Des universitaires sérieux, des sénateurs intègres, des biographes patentés, des savants scrupuleux ont côtoyé des bidonneurs, des affabulateurs, des truqueurs et des menteurs avérés, des farfelus, voire des imposteurs. À chacun sa version. On a ressassé, on a ausculté, décortiqué, analysé, on a contre-vérifié et contrecarré, on est revenu en avant, en arrière, au ralenti, arrêt-image, jusqu'à la découpe magnétoscopique et mégamicroscopique des gestes et des secondes, des personnages, des témoignages et des lieux — toutes ces choses, tous ces gens étudiés, parfois redécouverts grâce à la modernité et à l'expertise de technologies qui n'existaient pas du temps où la commission Warren, nommée par le nouveau président Johnson pour essayer d'éclaircir le mystère, publia son rapport si controversé.

La chimie est intervenue, la microchimie, la micro-industrie, tout cela pour tenter d'aboutir à ce qui s'appelle la Vérité — mais existe-t-elle ? — et l'on peut s'attendre, et je m'y attends au moment même où j'écris ces lignes, à quelques autres « bombes » éditoriales, quelques autres *scoops*, vérifiables ou pas, et, pourquoi pas, à je ne sais quelle archive inédite, authentique et décisive. Cela n'arrêtera jamais. Un méticuleux spécialiste français, inconnu du grand public, François Carlier, qui a publié un livre exceptionnel, complet, de plus de 700 pages (Éditions Publibook), intitulé *Elm Street* (le nom de la rue où a débouché la limousine présidentielle sur laquelle on a tiré), me dit que rien de très nouveau ne peut surgir. Un autre travail, précis, passionnant, très bien documenté, remarquable dans sa conclusion, vient d'être publié sous la plume de Vincent Quivy, aux Éditions du Seuil (*Qui n'a pas tué John Kennedy ?*). On peut en attendre encore des dizaines, en France et ailleurs — sans doute moins honnêtes et objectifs que les deux ouvrages en question. Je crois, si quelque chose de « tangible » (expression de John McCloy, ancien membre de la commission Warren) devait surgir, que cela ne pourrait venir que d'Amérique et d'archives qui ne sont, pour l'instant, pas encore ouvertes (et ceci pas avant 2017 ou, pour certaines, a-t-on dit, parfois, 2029 ?). Et il faudrait alors que cela soit particulièrement sérieux.

J'ai tout lu ou presque, tout entendu, ou presque, j'ai « couvert », comme on dit, l'affaire Kennedy et ses suites, de façon sporadique, pendant de nombreuses années. Aussi bien, dans les pages qui vont suivre, je souhaite faire preuve de franchise et de modestie, et n'apporter que mon regard, rapporter mes souvenirs. Je ne prétends, en aucune manière, entreprendre une énième revue encyclopédique de toute l'affaire. Cette mission est celle des historiens. Les plus sérieux (des Américains, en majorité) ont déjà fait leur œuvre. Je veux simplement proposer mes intuitions, surprises et sensations, mes erreurs, mes ratages, quitte à tenter, tout de même, d'aborder brièvement les deux M — le mystère et le mythe. L'unique objet de cet ouvrage, qui ne se veut donc pas exhaustif, consiste à raconter ce que j'ai vu, senti et ressenti. Puisque j'y étais. « *Tell it like it was* », disait un de mes modèles en journalisme et en écriture, Ernest Hemingway : « Dire comment c'était » — sans autre ambition que de satisfaire à une requête qui m'a souvent été faite : « Raconte-nous. » Eh bien, voilà, je raconte, j'avance et j'irai plus loin, puisque, après avoir raconté « mon Dallas », je tenterai de décrire « mon Kennedy » — ses pénombres et ses flamboyances (il faut éviter les clichés, style « ombre et lumière ») — pour, finalement, passer deux hypothèses en revue, mais je n'en retiendrai qu'une seule.

4

C'était comme un spectacle mouvant, un ruban qui défilait et changeait en permanence. Peu à peu, l'Amérique se figeait et se parait des couleurs du malheur. De l'émotion. De l'étonnement.

Au volant de la Ford de location que j'avais subtilisée au reste de l'équipe de télévision (« Je suis obligé de foutre le camp, les gars, je suis désolé, on se reverra plus tard ! »), quitte à passer à leurs yeux pour un butor préoccupé de sa seule petite personne, en route vers New York, je voyais surgir tous les signes, minimes mais multiples, de la sidération nationale. Un ruban sur lequel s'imprimaient des images qui disparaissaient au rythme du propre déplacement de mon véhicule et de mon regard : la première, ce fut un *truck* long et massif qui freina soudain et s'engagea vers une aire d'arrêt. Je vis en sortir une silhouette d'homme qui paraissait courbé, la tête basse, et j'ai vite cru deviner que le type s'était assis sur le sol, avait pris sa tête dans ses mains et sans doute pleurait-il.

J'avais oublié toute prudence et je dépassais la *speed limit.* J'oubliais la possible intervention (sirène hululante et feux d'alerte allumés sur le toit) de la toujours redoutée *Highway patrol,* avec le non moins redoutable *patrolman* à chapeau pointu, harnaché, menottes et pistolet à la ceinture — je les avais assez détestés, ces gendarmes routiers, pendant mes années d'étudiant en Virginie, lorsqu'ils ne cessaient de nous alpaguer pour un oui ou pour un non, quand nous quittions le collège et foncions le samedi soir, sur les belles routes, le long des collines bleutées de Virginie, pour aller voir les filles de Hollins ou de Sweetbriar College. Mais je me foutais de la *speed limit,* il fallait faire fissa, comme avait dit mon interlocuteur au téléphone (qui est-ce, au fait ? Il ne s'est même pas nommé), et je compris au bout de quelques minutes de route qu'aucun flic, ce jour-là, ne se préoccuperait de contrôler ma conduite, quand j'aperçus l'une de ces voitures, précisément, garée sur le bord de la route. Le flic était à l'arrêt, en train d'écouter la radio, le visage penché en avant. Allait-il poser son front sur le volant et pleurer, lui aussi, comme le *truck driver* ? Ou peut-être dire à voix basse pour lui tout seul : « *It can't be true* — C'est pas vrai. » (Ce que j'entendis aussi, souvent, plus tard.) J'ai tout de même freiné, et puis j'ai dépassé le véhicule. Par réflexe, j'ai consulté le rétroviseur. La voiture de patrouille n'avait pas bougé. Son immobilité symbolisait ce qui commençait à se passer d'Est en Ouest, du Nord au Sud, de Concord (New Hampshire) à Bisbee (Arizona), de Baker (Oregon) à Brunswick (Floride) — des grands lacs du Minnesota aux bayous de Louisiane, des faubourgs de Philadelphie aux plages de Malibu ou San Diego — un continent tout entier, que j'avais traversé en auto-stop, et dont je connaissais pratiquement tous les États — et j'imaginais que la radio, la télévision, les téléphones, ou le simple bouche-à-oreille dans chacun des États de cette mosaïque fédérale et fédérée, cette Union, que le génial Abraham Lincoln avait réussi à établir, diffusaient l'incroyable nouvelle.

J'écoutais aussi la radio et j'apprenais, tout en avançant sur l'autoroute qui me paraissait presque trop vide d'automobiles, les minutes du déroulement de cette journée fatale : Kennedy au Parkland Hospital — et sa mort officiellement annoncée à 13 h 00, heure locale — et les infos multiples et spectaculaires en provenance de Dallas — un suspect vite repéré, vite arrêté. Lee Harvey Oswald. J'entendais les voix pressées des journalistes radio, sur place ou en studio — au Texas ou à Washington —, ces voix qui se veulent toujours un peu basses et épaisses là-bas, mûres, c'est pour faire sérieux, c'est pour convaincre, et qui prenaient en ces heures-là, en ces instants-là, une tonalité différente, plus saccadée et plus déséquilibrée. On percevait bien que reporters et commentateurs voulaient conserver la gravité professionnelle qui les distingue des autres voix, mais on pouvait aussi sentir une émotion, un tremblement, un vibrato dans la gorge. J'ai déjà dit que nous n'étions pas encore à l'âge actuel de l'information immédiate (chaînes de télévision en continu, réseaux sociaux, blogs, sites, Facebook et autres tweets, tout ce qui fait que, désormais, tout se passe au moment où cela se passe et cela se passe, dans le monde entier, au même moment), et je pouvais remarquer de courtes scènes muettes, illustrant la prise en compte fugace et fragmentée de l'événement — comme des vignettes. D'autant plus courtes que je roulais de plus en plus vite, et que ces choses, ces scènes, gestes ou silhouettes apparaissaient et disparaissaient comme les pétales de plastique des kaléidoscopes de notre enfance. Vous remuez un peu, tout se décompose, et puis d'autres figures se dessinent, aussi précaires. Ainsi :

• La Ford longe un terrain de golf et, par la vitre avant à la gauche du volant, je vois deux joueurs qui se rapprochent l'un de l'autre. Sans doute se connaissent-ils ? On dirait, en tous les cas, que l'un sait quelque chose, puisqu'il est plus agité que l'autre qui, lui, ne sait pas. Il hèle l'autre, d'un geste du bras. Les voici à hauteur, maintenant, et on dirait qu'après s'être parlé, ils s'étreignent. Ils restent enfermés dans une accolade de chagrin.

• De plus en plus de drapeaux sont mis en berne. Stations-service, restoroutes, l'Amérique est un pays qui aime arborer ses *Stars and Stripes* — ses étoiles et ses bandes —, et cela au fronton

31

des écoles comme à l'entrée des stades, sur les toits des magasins aussi bien que sur ceux des maisons particulières — et je vois donc, au fil de la route, que l'on a commencé, ici et là, à baisser les couleurs.

◆ À l'un des péages de la 91 — il y en a plusieurs entre le Connecticut et New York — je tends de l'argent au préposé dans sa cabine peinte en vert moutarde. C'est un bonhomme massif, aux lèvres surmontées d'une grosse moustache sombre. Il me rend la monnaie, me regarde et dit :

— *God help us* — Que Dieu nous aide.

◆ Quant aux autres voitures, celles que je dépasse sur la 95-1 après avoir quitté la 91, elles sont occupées par des gens, hommes ou femmes, qui font des signes, soit pour m'indiquer qu'il vaudrait mieux ralentir, soit une main levée qui s'agite, doigts écartés, paume ouverte en creux, à la façon des veuves en deuil qui maudissent le sort ou le ciel, en un geste de malédiction.

◆ Enfin, j'ai franchi le Triborough Bridge au-dessus de la Harlem River, et suis entré dans la grande ville, New York, *the Big Apple*, la Grosse Pomme. Le choix des radios est plus riche, je peux passer de station en station et j'entends une manière de concert qui épouse ce que je vois aussi dans les rues : passants agglutinés devant les vitres des boutiques où l'on vend des postes de télévision, piétons le nez et les yeux en l'air pour suivre les bandeaux lumineux de Times Square, vers lequel je me suis dirigé, puisque je sais que c'est un des endroits où se coagulent les masses lorsque quelque chose de majeur et d'inattendu est intervenu dans la vie du pays — visages sérieux et concernés des flics, attroupements devant les kiosques où quelques journaux viennent à peine de livrer une édition spéciale, à peine une page : « *Extra, Read all about it* », foule sévère, avec ce retour des bureaux vers les bouches de métro, foule solitaire, qui cependant, par l'amplitude de l'événement, fait que tous ces inconnus semblent partager la même incrédulité choquée. Il est vrai qu'on est dans l'Est ici, et que Kennedy y est adoré.

Pas comme au Texas.

La course m'a pris deux heures, ou un peu plus. Je vais vivre bien d'autres séquences, certaines plus importantes, mais si je me souviens aussi clairement de celle-ci en détail, si je me souviens aussi bien de ce *road movie*, ce travelling du deuil, ce spectacle d'une lente et silencieuse entrée d'un pays dans une page de sa violente histoire, comme ces millions d'Américains qui sont en même temps que moi rivés à leur poste, c'est que les premières images demeurent les plus fortes.

Pendant tout ce temps, et les heures qui vont suivre, lorsque je vais m'agiter à New York pour trouver un avion (et il n'y en a plus dans l'immédiat pour Dallas, je ne pourrai en prendre

33

un que très tard), je vais apprendre une série de choses : un flic a été tué peu de temps après l'attentat contre Kennedy — à la suite de cet autre crime, un suspect a été appréhendé dans une salle de cinéma de Dallas — il semble qu'on y jouait un film qui s'appelait *La guerre est un enfer* — et puis il y aura l'épisode de Parkland, l'hôpital de Dallas. Les radios ne peuvent pas tout raconter, tout savoir, mais il est bon de procéder à un *flash forward* — un bond en avant.

5

Ils avaient tout essayé là-bas, au Parkland Hospital, et ce n'étaient pas de mauvais chirurgiens, Perry et Clark à leur tête. Perry et non pas le docteur Crenshaw qui, quelques années plus tard, se ferait passer pour celui qui avait tout vu et tout compris, développant sa théorie sur l'entrée des balles dans la tête du Président, et en ferait un livre, comme beaucoup d'autres, rempli de faussetés et d'affirmations infondées. Non, ce n'était pas Crenshaw, c'était toute une équipe, laquelle, face au désastre provoqué dans le cerveau et la tête du Président, ne pouvait rien, ou presque. Estimables et compétents toubibs de Parkland, refusant de céder à toute panique, car l'atmosphère était paniquante, entre les flics locaux et les services secrets, la police fédérale, la brigade de fer de JFK qui attendait, meurtrie, dans l'angoisse. Ces Irlandais, cette *Irish Mafia*, étaient déjà quasi certains que leur héros, leur leader, leur « Jack » ne s'en sortirait pas — ils avaient tout essayé, les toubibs, avec leurs adjoints, leurs aides-soignantes, mais le docteur Perry avait fini par lâcher :

— *He's gone* — Il est parti.

Et O'Donnell, ravagé, le fidèle et dévoué O'Donnell (ces types-là se seraient fait flinguer pour Kennedy), avait annoncé le décès officiel à 13 h 00, heure locale. On avait eu le temps de trouver un prêtre, le père Oscar Huber. Il avait donné l'extrême-onction. Un chirurgien dira plus tard qu'il avait pensé : « S'il avait survécu, c'eût été dans quel état ? »

Et Jackie avait glissé son alliance au doigt de JFK dans le cercueil. Admirable Jacqueline Kennedy, refusant de quitter la salle d'opération, le regard fixe, la bouche fermée et parfois ouverte comme elle le faisait souvent, ses deux lèvres un peu boudeuses, femme tétanisée et pourtant en partie maîtresse d'elle-même. Femme sonnée, assommée, accablée, détruite et pourtant affichant maîtrise et rectitude, femme lourde du *sorrow*, ce mot si beau qui veut dire chagrin, Jackie, dont je reparlerai — et qui allait transcender les jours et les nuits qui suivraient —, veuve sublime et géniale, capable, malgré le coup de massue qu'elle avait reçu, de faire face et de donner à chaque instant des jours suivants une noblesse, une solennité qui collerait tout le restant de son existence à son image. Imposante dignité des jours de deuil de Washington, opposée au désordre des jours de Dallas.

Jackie qui, à genoux sur le capot arrière de la limousine SS-100-X, tentait de ramasser une partie du cerveau de son mari, tandis que Clint Hill, l'agent des services secrets chargé de la protection et de la surveillance du Président, sautait sur le marchepied arrière, puis sur le capot arrière, pour la faire reculer. Il craignait sans doute qu'elle ne tombe en voulant fuir cet enfer, ces secondes d'horreur, alors que, avec son tailleur rose Chanel souillé par le sang qui avait giclé comme d'une tomate qu'on lancerait sur un mur, Jackie faisait n'importe quoi, mais Clint n'avait pas pu le comprendre. Il n'avait pas pu, et personne n'aurait pu imaginer la portée du geste insensé de cette femme : récupérer un bout de la tête de JFK. Jackie elle-même n'était pas tout à fait consciente de ce qu'elle faisait. Elle dira plus tard qu'elle n'arriverait jamais à reconstituer les secondes des phases de cet acte, à genoux, sur le capot arrière. Un bref, si bref instant, que, dans sa mémoire, de longues décennies plus tard, elle l'aura occulté, éradiqué, interdit. Pour reprendre une expression très courante : elle ne savait pas ce qu'elle faisait. Cependant, elle le faisait. Il y avait effroi, peur, et panique, mais elle ne fuyait pas, car elle ne voulait pas quitter la Lincoln et encore moins son mari mourant juste derrière elle. C'était une sorte de résolution inimaginable et, s'il faut l'imaginer, cela signifiait : « Je vais récupérer les morceaux de mon mari, comme ça on pourra les lui recoller, et le cauchemar s'arrêtera. Et tout sera comme avant. »

Absurde, fou, hors du réel et cependant très réel. Si l'on ne prend pas en compte ce choc, ce trauma extraordinaire, on ne peut rien comprendre à toute l'attitude de celle qui deviendrait Jacqueline Onassis-Kennedy, « Jackie O ». Ses choix, ses refus, ses absences, sa volonté de refaire entièrement sa vie, et, à la suite, quelques années plus tard, de la mort du beau-frère Bobby, un rejet provisoire de la chose américaine. Le mariage avec Onassis, etc.

Clint Hill, de son côté, s'en voudra pour le restant de ses jours de n'avoir pas su protéger le Président comme il fallait — lui et ses collègues du *Secret Service* avaient failli à leur mission, entièrement. Ce qui fit plonger Clint dans une dépression nerveuse qui connut des séquelles. Lorsqu'il fut interrogé, quelques mois après, par les soins de la commission Warren, et interviewé plus tard à la télévision, Clint porterait toujours sur son visage les stigmates de la culpabilité, la honte, l'impossible acceptation de ce qui avait été et n'aurait pas dû être. Pauvre Clint. Pauvres agents des services secrets, en retard, trop lents, pas assez méfiants. Paresseux, prisonniers d'une routine, prisonniers, aussi, de leur âge. On notera que le chauffeur, Bill Greer, avait quarante-huit ans, et que ses réflexes furent trop lents lorsque la fusillade démarra. À quelques secondes près, peut-être aurait-il pu éviter que la deuxième balle troue la nuque de son patron. Tous ces hommes, tous ces fautifs auraient tellement voulu que cela n'arrive pas.

Depuis la mort de JF Kennedy, il n'y a pas un président américain (Johnson, Nixon, Ford, Carter, Reagan, Bush Sr., Clinton, Bush Jr., Obama) qui n'ait, à un moment ou à un autre, voulu consulter les « dossiers Kennedy ». À la minute où les nouveaux présidents élus arrivaient à la Maison-Blanche, de façon discrète, en cloisonnant les choses, ils décidaient de regarder de plus près, pour essayer d'en savoir plus. Les archives (dont certaines n'ont toujours pas été ouvertes quand d'autres, nombreuses, ont été détruites, sur ordre du frère Bobby) ne leur ont rien révélé qu'ils ne savaient sans doute déjà. Ou alors, s'ils ont eu accès à ce que j'appelle, de temps à autre, « La grande Vérité cachée », ils ont décidé de perpétuer le secret :

— Ça ne fait rien, me disait récemment un membre de l'équipe du président Barack Obama à la Maison-Blanche. *Fifty years later, the ghost still haunts the house* — Cinquante ans plus tard, le fantôme hante encore la demeure. De temps en temps, quelqu'un en parle, de temps en temps, on commente... Alors, continue mon interlocuteur, j'ai posé un jour à certain membre du *Secret Service* actuel la question suivante : Qu'auriez-vous fait que vos prédécesseurs n'ont pas su faire à Dallas ? Sa réponse a été immédiate : « D'abord, naturellement, nous aurions beaucoup mieux balisé le parcours. Nous aurions bien évidemment empêché la police locale d'organiser ce qui a été le contraire d'une organisation, nous aurions situé des tireurs d'élite et des points de surveillance tout le long des rues et de l'itinéraire du convoi, à travers les rues d'une ville à risque, jusque vers le Trade Mart, où il devait tenir un discours. Mais surtout, surtout ! nous n'aurions jamais accepté que le président Kennedy nous empêche de monter sur les marchepieds arrière de la Lincoln. » Aujourd'hui, et d'ailleurs depuis cet attentat, il n'est pas question qu'un président impose ses choix ou ses caprices aux services secrets. JFK faisait ce qu'il voulait. Il n'aimait pas que lui et Jackie soient séparés de la foule par ce rideau humain. Et les services secrets, à l'époque, s'inclinaient devant lui. Ils fermaient les yeux comme ils le faisaient sur les frasques et excès de sa vie privée. « Aujourd'hui, c'est nous qui dictons comment cela va se passer, où, et quand. Si Clint Hill et ses collègues, comme ils se devaient, avaient établi leur bouclier humain autour de JFK, les balles ne l'auraient pas atteint. Car c'est dans le dos de Clint Hill qu'à ce moment-là le tireur aurait visé. Le ou les tireurs. De toutes les façons, votre question n'a plus aucun sens, car depuis Dallas c'est fini tout cela, plus jamais de décapotable, plus jamais de *top down*. Aucun président ne se promène en voiture ouverte, dans un défilé automobile au sein d'une ville de notre pays. La *motorcade*, c'est terminé. »

Il avait plu ce matin-là, à Fort Worth d'abord, mais lorsque Air Force One atterrit à Dallas, il faisait beau, et JFK avait dit :

— On décapote — *Put the top down.*

Ces choses-là, aujourd'hui, ne pourraient plus arriver.

Il avait dit, aussi, le Président, à plusieurs reprises, et, la veille, alors qu'ils étaient déjà au Texas, à Jackie :

— Si quelqu'un veut me flinguer, il y arrivera.

Un peu plus tard, entre Fort Worth et Dallas, il lui avait dit aussi :

— On arrive au pays des cinglés — *Nut country.*

C'est-à-dire, le Texas.

Et pendant ce même temps, ou presque, une jeune femme née en Russie, Marina, que son mari, Lee Harvey Oswald, avait quittée le matin même après lui avoir laissé un peu d'argent, cent soixante-dix dollars, et surtout son alliance, retrouvée dans une tasse à thé sur un lavabo — un geste qu'il n'avait jamais fait, jusqu'ici, il ne s'était jamais séparé de l'alliance, ni lorsqu'ils se querellaient, ni lorsque, après l'avoir rouée de coups, il partait pour vivre séparément dans une chambre louée ailleurs en ville —, Marina, donc, découvrait à la télévision le visage de ce même homme, arrêté et déjà identifié. Son mari. Mais elle n'était qu'à moitié surprise. Lee lui avait souvent dit qu'il envisageait de « faire quelque chose qui le rendrait célèbre aux yeux du monde ». Toute sa vie, il n'avait cessé de chercher à accomplir ce geste. Il avait fait une tentative ratée contre le général Walker, déjà à Dallas, au moyen d'un fusil qui deviendrait célèbre. Il avait aussi confié à Marina que ce serait bien s'il prenait, un jour, les passagers d'un avion en otages — si possible, un avion qu'il ferait diriger vers Cuba.

Elle l'en avait dissuadé. Depuis quelque temps déjà, ils ne couchaient plus dans le même lit, ni dans la même maison. Du reste, ils ne faisaient plus l'amour ensemble. Et lorsqu'elle avait vu, pour la première fois, la tête de Lee, menottes aux poings, dans les locaux de la police, elle avait lu sur son visage que c'était lui qui avait fait ça. Elle le dirait spontanément, le répéterait à des enquêteurs — et puis, des années plus tard, elle se rétracterait.

6

Mon avion pour Dallas décolle de La Guardia. Le vol devait durer entre trois heures et demie et quatre heures. Tous les sièges étaient occupés et pourtant j'eus la sensation de me retrouver dans un espace vide de toute présence humaine tellement chaque passager semblait absorbé par la lecture de son journal. On ne voyait plus les têtes des voyageurs. Les gros titres en noir, « *President shot* », toujours gras, très courts, sur les journaux dits populaires (le *Post*, le *Daily News*), et plus larges ou plus élaborés sur les journaux dits sérieux comme le *New York Times* et le *Herald Tribune* — avec des pages grandes ouvertes entre les mains des passagers qui dissimulaient leurs visages. Ça bougeait très peu dans l'allée. Deux hôtesses et un steward passaient, proposant des boissons sur un ton inhabituellement sourd, presque chuchoté, pour ne pas interrompre la lecture des uns et des autres. Je me suis levé pour longer les rangées de sièges et scruter les expressions de ces Américains. Je n'y voyais qu'une curiosité avide, encore incrédule, des masques si sérieux, dans un pays où le sourire est presque obligatoire. Je crois que je n'ai jamais volé dans un tube d'acier aussi silencieux. Peu à peu, cependant, à mesure que nous approchions du Texas, des conversations s'engageaient, sur le même registre feutré qui avait été utilisé par le personnel de bord. Ça ressemblait à une atmosphère d'église : ce qui se passe à la fin d'une messe, lorsque les pratiquants sortent et commencent à libérer leur parole. J'entendais même à nouveau ce son américain des voix entre elles qui montent toujours un peu haut, toujours un peu élevé, toujours sinon vulgaire, du moins manquant de discrétion, ou de distinction. Soudain, enfin, un rire a éclaté : deux rires, provenant de deux hommes, mais, à voir leurs faciès contractés, je n'ai pas interprété cette sonorité incongrue comme autre chose que ce phénomène souvent observé : dans un enterrement, il y a toujours un moment où quelqu'un éclate de rire. On rit toujours à un enterrement. C'est nerveux. Ça soulage.

Pendant mon arrêt à New York, j'avais appris par un responsable du journal que le grand « envoyé spécial permanent », le chef du bureau de *France-Soir* à Washington, ne se trouvait pas sur le territoire américain à l'heure de l'attentat. Il était en voyage privé à Paris et, le temps qu'on le retrouve, Ziggy, comme on le surnommait (on l'appelait aussi Adal — pour Adalbert de Segonzac), reviendrait, bien entendu, pour couvrir toute la scène dans la capitale politique où la veuve, la famille en deuil, et le *nouveau président* allaient procéder à un enchaînement de cérémonies. Cela me laissait le champ libre sur le Texas, à moi tout seul. « Pas tout à fait seul, me dirent les gens à Paris, il y a un correspondant français de l'AFP sur place, il est déjà là, mais tu es seul pour les quotidiens français, ça durera pas longtemps, profites-en. »

Je n'ai éprouvé aucune satisfaction quand j'ai compris ma chance. L'infime certitude que je vivais un événement majeur dans la poursuite de mon métier, encore jeune « grand reporter », ce tournant inattendu qui devient une aventure, ce qu'on appelle « un gros coup » et qui, parfois, peut déterminer une carrière, je ne m'en suis pas préoccupé sur-le-champ. J'étais seulement anxieux de poursuivre les objectifs qui m'avaient été assignés : rejoindre au plus vite Dallas. Aller voir sur place, regarder, rapporter. J'avais passé une partie de la nuit à dicter mes premières impressions, celles du « travelling avant » à travers le pays dont j'ai cité ici quelques images, et, surtout, à regarder la télévision et tout noter : les éditions spéciales, le déroulement des événements à l'arrivée d'Air Force One, à Andrews Air Force Base dans le Maryland, à 15 kilomètres de Washington, cet avion au sein duquel Lyndon Baines Johnson avait été rapidement assermenté

comme président — un appareil qui fut un véritable théâtre d'émotions. Johnson qui insiste
pour être assermenté le plus vite possible — le
juge du Texas, une femme, qu'on récupère et
qui monte à bord — Jackie qui est choquée de
découvrir la rapidité avec laquelle les Johnson
se sont installés dans le carré privé qu'elle partageait avec son mari — les mots de réconfort
de *Lady Bird*, la Femme Oiseau, épouse de
Johnson — le décollage effectué par le colonel
Swindal et, pendant le vol, à un bout de l'appareil, Johnson et ses Texans qui organisent
déjà tout ce qu'il faudra faire dès l'atterrissage
(la « conduite de la République », affirmer
la notion que l'Amérique reste dirigée) et, à
l'autre bout, l'*Irish Mafia*, qui boit du whisky,
les types assis autour du cercueil, Jackie parmi
eux et qui dit, lorsque le médecin lui suggère
de changer son tailleur rose Chanel maculé par
les flaques séchées du sang de son mari (on lui
avait préparé une robe blanche immaculée) :
« Non », avec véhémence, « Je veux qu'on voie
ce qu'ils ont fait. » C'étaient comme des croûtes
solides sur un précieux tissu.

(Tous ces instants ont été narrés, puis souvent
repris et développés, par d'autres biographes,
et, surtout, dans un superbe ouvrage qui devait
paraître quatre ans plus tard, en avril 1967, signé
d'un talentueux historien et journaliste, William
Manchester : *Mort d'un Président*. Une sorte de
chef-d'œuvre auquel je ferai, ici, parfois, appel

et référence. Il demeure, à mes yeux, un modèle du genre[1].)

J'étais arrivé tôt à Love Field.

L'aéroport de Dallas s'appelle Love Field, le champ de l'amour — quelle ironie ! C'est là que, la veille, JFK et Jackie ont débarqué, elle vêtue de son fameux tailleur Chanel rose avec cette drôle de toque rose sur ses cheveux, ce *pillbox hat* qui ne s'envolerait même pas lorsque, quelques heures plus tard, elle s'adonnerait, inconsciente, à cette extraordinaire action de ramper en avant sur le capot de la SS-100-X, pour chercher dans les éclaboussures de sang de son mari les morceaux de cerveau, ce petit chapeau rond et coquet qu'elle abandonna au Parkland Hospital et qui, depuis, n'apparut plus. On ne la verra que les cheveux défaits sur ses épaules, tragiquement belle, visage fermé d'une *First Lady* devenue brutalement veuve, et l'on retiendra longtemps la vision de cette même silhouette la nuit, lors de l'arrivée à Andrews, quittant un avion qui avait donc transporté deux présidents — l'un mort, l'autre vivant, le nouveau : LB Johnson. J'avais suivi tout cela, plus ou moins, et comme des millions de gens. Toute une dramaturgie qui allait mesmériser l'Amérique (et le monde) pendant quatre jours.

1. Paru en France aux Éditions Robert Laffont (1967).

Me voici donc à Love Field, le terrain de l'amour. Il y a pas mal de flics et d'agitation. Je ne ressens pas les mêmes sensations qu'à New York ou au cours de mon vol depuis La Guardia. Les gens vont, les gens viennent, je suis au Texas et je vais vite m'en rendre compte.

Mon *taxi driver* était un grand type d'une cinquantaine d'années, aux rouflaquettes noires descendant le long de ses joues, un aspect rustre, une carrure de garçon de ferme, et je pouvais voir dans le miroir au-dessus de son volant ses traits émaciés, des rides marquées, sillons dessinés au crayon bistre du soleil, creuses. Il portait une chemisette dévoilant des bras poilus, de couleur rousse. Il s'exprimait avec cet accent particulier du Texas et de ses habitants, qu'on identifie comme un *twang* — une sorte de nasillarderie, si ce mot existe, tant mieux, sinon acceptez-le —, qui définit cette sonorité peu séduisante mais très présente, envahissante. Quand vous pénétrez au Texas ou ailleurs, dans le Sud-Ouest, vous savez très bien à qui vous vous adressez à partir de l'instant où ce *twang* se fait entendre. Les Texans sont plutôt fiers de cette musique nasale et vocale. D'ailleurs, ils sont fiers de tout, à Dallas.

Drôle de ville, le *Big D* : à l'époque, on y compte le taux le plus élevé de meurtres (113 cette année-là). Une *city*, une ville de 700 000 habitants, considérée comme un foyer et un nœud d'extrémistes de droite, et qui avait accueilli le Président, la veille, avec des unes de journaux neutres ou bienveillantes, mais avec, pour l'un d'entre eux, au sein d'une page de publicité, un texte l'accusant de traîtrise, d'être un homme recherché pour avoir livré son pays aux communistes. Drôle de ville, qui avait dans le passé déjà bousculé et insulté Adlai Stevenson, une grande figure du Parti démocrate, lequel avait déconseillé à JFK de venir à Dallas. Dans cette même ville, l'une des plus riches du Texas, on avait assisté à une scène inconcevable : des Texans crachant sur leur propre concitoyen, leur grand homme — le vice-président LB Johnson, l'enfant du pays. (Ne serait-ce que pour cet incident, ignoré des « complotistes », comment imaginer un instant que Johnson ait pu faire partie d'un complot ? Nous en reparlerons plus tard.) Ils l'aiment bien, leur *twang*, c'est un point commun, cela permet de se rallier aux couleurs du même drapeau. Car il existe un drapeau du Texas, avec une seule étoile, il s'intitule le *Lone Star State* — l'État de l'Étoile Solitaire, qui mit beaucoup de temps à se rattacher à l'Union des autres États, territoire plus vaste que la France, riche en pétrole, agriculture, bétail, ressources naturelles de toutes sortes. En savoir un peu plus sur le Texas est instructif et fascinant pour qui ne doit pas oublier que l'Amérique, ça ne s'arrête pas aux clichés sur la côte Est avec ses universités, New York avec ses médias et son

cosmopolitisme, ou même la côte Ouest avec
son industrie du cinéma, sa modernité, sa jeunesse. Comprendre le Texas, c'est appréhender
qu'il n'est qu'une partie d'un pays immense,
complexe et contradictoire, à la fois semblable
dans ses composantes, et multidivers dans ses
particularités régionales — un continent où la
nature fait loi et modifie les hommes et leur
comportement. C'est l'espace, l'aridité, les
sables et les gisements de pétrole, la lutte contre
les éléments, les conflits des hommes entre
eux pour se partager les parts de ce gâteau, ce
mille-feuille baigné du sang des pionniers, c'est
la maîtrise de la flore et de la faune, qui ont
fabriqué, peu à peu, l'esprit texan, sa musique
si singulière.

J'avais déjà fait connaissance avec un tel
accent, quelque huit années auparavant pendant les congés de Noël, alors que j'étais étudiant en Virginie. Un de mes copains de dortoir,
Bob Kendall, m'avait invité à passer *Christmas*
chez lui. J'y avais vécu de curieuses expériences.
J'en avais gardé un souvenir amer et étrange que
j'ai restitué, plus tard, en l'enrobant de fiction,
dans un roman, *L'étudiant étranger*. Une séance
ratée de flirt avec une fille dans une soirée de
Christmas party très arrosée — des balades interminables à bord d'une Eldorado Cadillac grosse
comme un bateau, pour rien, pour rouler, dans

la grande plaine texane, avec la radio qui diffusait le rock et le rockabilly, pour le simple plaisir de déambuler, *cruise* comme ils disent là-bas, dans d'impeccables avenues bordées d'*elms*, ces ormes qui encadrent les quartiers riches et dont le nom reste attaché à la rue, *Elm Street*, où se déroula le drame — et puis j'avais vécu une séquence honteuse dans un motel de putes, dans la banlieue noire de la ville. J'avais refusé d'aller jusqu'au bout. Les copains m'avaient laissé les attendre dans la voiture. Lorsqu'ils étaient rentrés après avoir consommé, ils m'avaient regardé avec une once de condescendance. Le son du *twang* s'était imprimé dans mes souvenirs, et il me revint avec force lorsque je retrouvai le *taxi driver*, le 23 novembre 63, lendemain de l'assassinat. Huit années exactement, au cours desquelles j'avais perdu une grande partie de mon innocence, de mes naïvetés. Il s'était passé toutes sortes de choses (mes débuts dans la presse à Paris, la guerre d'Algérie...), j'avais évolué et sans doute un peu mûri, mais l'expérience américaine était restée imprégnée en moi, je reconnaissais le *twang* et cela me rassurait. Je savais où j'étais, je savais aussi que je pourrais téléphoner à mon ami, et qu'il me serait, peut-être, un précieux recours pour pénétrer un peu la société texane. Un ancien élève — un « *alumnus* », atout supplémentaire que j'envisageais d'utiliser, si nécessaire (ce ne fut guère le cas).

Le *taxi driver* était malin et coopératif. Il me conseilla un petit hôtel modeste mais bien situé, très pratique, dans Commerce Street, c'est-à-dire à quelques pas seulement du City Hall (Dallas Police Headquarters), où je savais que le suspect numéro un, Lee Harvey Oswald, était prisonnier et interrogé. Les télévisions, la veille, l'avaient montré s'avançant dans un couloir (images souvent en noir et blanc) encombré de caméras et de micros, encadré par des flics en civil avec leurs chapeaux blancs, leurs grands Stetson *hats*, et c'est là qu'il avait prononcé quelques phrases indiquant qu'il n'était pour rien dans tout cela, qu'on ne lui avait même pas demandé s'il avait, ou non, tiré sur le Président, et qu'il avait même, au cours d'une sorte de miniconférence, aux côtés des flics et du procureur Wade, été interpellé, comme si la police de Dallas et les responsables publics (des élus locaux, tous attachés à se faire voir et à démontrer leur capacité d'assumer un tel événement) avaient cédé à l'injonction des journalistes. Il fallait le montrer. Conférence incohérente, au cours de laquelle Oswald avait affirmé à nouveau être innocent. Un autre « point de presse » avait été tenu dans la foulée, sans Oswald, et là, un petit homme rond, portant de grosses lunettes d'écaille, avait corrigé une erreur du procureur à propos de l'appartenance d'Oswald à un comité pour Cuba. C'était donc au cœur de ce quartier général que je me dirigeais pour voir, noter, écouter et rapporter.

Alors qu'il m'avait donné quelques tuyaux utiles, le *taxi driver* s'était tu et je m'étais aperçu que nous n'avions pas encore parlé de l'assassinat de JFK. Je lui ai dit :

— Quand même, quel drame, c'est terrible ce qui s'est passé.

Il m'a répondu sans attendre :

— *It was about time.*

Ce qu'on pourrait traduire par :

— Il était grand temps.

Il a ajouté :

— Ils ont quand même mis du temps à le faire.

Et répété :

— *It was about time.*

J'étais estomaqué. Mais je n'ai pas voulu argumenter avec lui. J'ai préféré l'écouter, ne pas m'engager. Prends des notes, ne t'implique pas personnellement, écoute ce que dit cet homme qui représente, peut-être, une partie de l'opinion de certains Texans. (Manchester devait apprendre, par ailleurs, lors de ses enquêtes très fouillées et longues — plus de trois ans — pour la construction de son livre, qu'à l'annonce de la mort de Kennedy, dans une salle de classe d'un quartier chic de Dallas, les écoliers avaient applaudi.) Le *driver* aux rouflaquettes et aux bras poilus continua :

— Ben oui, il était peut-être temps que ça finisse, en tous les cas maintenant tout va bien, puisqu'il y a un Texan à la Maison-Blanche et ça se passera quand même peut-être un peu mieux. Enfin, il aimait trop les *niggers*, ce con. Maintenant, faut voir, hein, peut-être que Johnson, maintenant

53

qu'il est à Washington, y va nous faire le coup de Kennedy.

Le saligaud ne se trompait pas trop. On peut toujours arguer de la manière dont Johnson prit le pouvoir, de la façon un peu brusque avec laquelle il décida qu'il fallait très vite prêter serment à bord même de l'avion avant qu'il redécolle de Love Field. (Sauf qu'il avait raison : le pouvoir ne peut connaître aucune vacance en cas de crise majeure — la moitié du personnel politique croyait à un complot international, l'URSS avait-elle joué un rôle ? Il fallait immédiatement montrer que le pays était dirigé.) Les témoins étaient là pour dire que Johnson avait tout fait pour ménager Jackie, mais il avait insisté pour s'assurer de sa présence à ses côtés (« je ne peux le faire sans elle »), il l'avait disposée à ses côtés. Tous ces détails, on les connaîtrait plus tard. Johnson, qui (et j'aurai l'occasion d'y revenir) avait, pendant toute sa vie de vice-président, ressenti quotidiennement l'amertume et la frustration d'un homme qui, ayant exercé un pouvoir sans limite au Sénat lorsqu'il en était le leader, n'en exerça plus du tout lorsqu'il devint vice-président de Kennedy. Johnson, qui, avec son épouse, aussi texane que lui dans le verbe et la mentalité, *Lady Bird*, considérait que les brillants, intelligents, élégants membres du clan des Irlandais le méprisaient, le négligeaient — on se foutait de lui, presque ouvertement, on le surnommait « *corn pone* », l'épi de maïs. Ou encore « *river boat* », par allusion aux bateaux à roues qui croisent sur le Mississippi — symbole de vétusté et de ringardise folklorique. C'était un Texan, et par conséquent, aux yeux des kennedystes, un paysan, un *hick*, un plouc, un bouseux, un cow-boy, grossier et bruyant. Johnson, néanmoins, et conformément à ce que le saligaud dans le taxi m'avait dit (sa crainte qu'il ne prolonge la lutte de JFK pour les droits civiques des Noirs), fut effectivement l'homme qui fit passer, en moins d'un an et dans la grande lame de fond d'émotion qui suivit la mort de Kennedy, les décrets sur ces droits civiques que Kennedy lui-même n'aurait, peut-être, pas pu faire adopter. Ironie des choses, tournant de l'Histoire : le Texan va à l'encontre de tout le lobby sudiste qui l'avait fait élire, avait fait sa carrière, lobby raciste et riche, et il va les trahir ou plutôt les embobiner, car il est, désormais, à la tête d'une démocratie qu'il souhaite exemplaire. Et parce qu'il doit agir. Il disait : « Le pouvoir est là où il est. » Pragmatique et décideur. Tout faire pour être à la hauteur de la légende Kennedy qui s'amorça au lendemain de sa mort. Tout faire pour que le fantôme du merveilleux JFK ne ruine pas sa présidence. Obsédé par ce fantôme devenu mythique.

J'entre dans Dallas, ville dépourvue de toute séduction, de toute attraction, ville américaine classique, des rues carrées, des angles morts, des immeubles gris ou blancs, la banalité de l'urbanisme américain. Bien sûr, il s'agit de la périphérie et du centre de la ville, mais quand, une semaine plus tard, je rencontrerai quelques membres de la société riche de Dallas, j'y verrai, dans certains quartiers résidentiels, plus de charme et d'élégance. Mais le *downtown* ressemble à tous les *downtowns* de toutes les villes moyennes des États-Unis. Ça n'a aucune importance pour moi. À peine ai-je posé ma valise dans le hall de l'hôtel en filant la pièce à un des membres du personnel, je me dirige vers le Dallas Police Headquarters, situé dans le Dallas Municipal Building, entre Main Street et Commerce Street — à plusieurs *blocks* de Dealey Plaza, théâtre de l'assassinat de JFK. C'est là, dans ce bâtiment aussi neutre et triste qu'un tableau d'Edward Hopper (le peintre du grand ennui des cités américaines), que je découvre l'étonnante atmosphère du lendemain du meurtre d'un président.

7

Dallas Police Headquarters ! Lorsque j'y pense,
lorsque j'en parle, et j'en ai sans doute trop
parlé à trop de gens, je disais que c'était « le
bordel » — expression courante et simpliste,
formule trop facile. Il s'agissait, plus exactement, d'un lieu clos, agité, habité et qui était
devenu, instantanément, autre chose. Car le
fait même que dans cet immeuble, dans ces
locaux et ces espaces parfois étroits, parfois
élargis, si peu attractifs, le fait même qu'il s'y
trouvait l'homme que la police avait déjà identifié comme le suspect numéro un et sans doute
l'auteur (selon la police et le procureur) de l'assassinat du Président conférait à ce décor et à ces
gens une dimension différente, une couleur supplémentaire. Comme si un lieu pouvait devenir
autre que ce qu'il est, par le seul événement
qui s'y déroule. Des étages, des espaces, des
bureaux, des couloirs, des salles toutes banales.
D'habitude, un lieu terriblement quotidien et
accablant de tristesse et qui était devenu, pour

moi et pour nous tous qui étions présents, la scène d'un théâtre permanent, où se jouait une pièce que personne n'avait écrite, puisqu'elle s'écrivait d'heure en heure.

J'étais entré sans trop de problèmes. Un *cop* en uniforme, à l'aspect avenant, sympathique, rond et grand, jeune, à l'œil clair, me demande mon identité. Je sors ma carte de presse (n° 16548), barrée de bleu-blanc-rouge. Ça l'intéresse, il fronce le sourcil, il voit bien qu'il s'agit d'une autre langue que la sienne. Il l'examine très attentivement, puis me la rend :

— Ben, il doit pas y en avoir beaucoup des comme ça, à l'intérieur.

— Ah si, lui dis-je, je sais qu'il y a au moins le représentant français de l'AFP.

— Ça, je vois pas très bien de quoi vous voulez me parler. Bon, ben, entrez. Vous n'êtes pas seul, *my friend*, depuis hier, il y a toute la presse du pays qui est là. Ça piétine à l'intérieur. Allez, on se reverra.

Son *twang* est chaleureux, avec une décontraction, une apparente simplicité, celle des gens du South West, et il fait montre d'une bonhomie sans aucun rapport avec la vilenie militante de mon *taxi driver*. Lorsque j'avais quitté le type à rouflaquettes, avant de payer ma course, il m'avait dit :

— Dépêchez-vous d'aller chez les flics. Il

58

va encore s'en passer des choses là-bas, et ici. Dallas, c'est là que ça se passe ! *That's where the action is.* Ah ben, j'ai pas honte de vous le dire, moi j'ai pas honte de ma ville, moi, je suis fier de ma ville, hein, et puis vous n'allez pas en dire du mal, hein. Bon, bien sûr, hein, c'est là qu'on a tué le Président, mais putain, justement c'est là que ça se passe ! On va être connus dans le monde entier maintenant. C'est inouï. *Wowie. Zowie. Hot shit !*

Il avait balancé tout cela vite, contrairement au rythme lent et cadencé de son *twang*, et il avait saisi mon poignet avec force. Soudain, il ne voulait plus me lâcher, me voir partir. Il avait remarqué que j'avais pris des notes en l'écoutant pendant le trajet, et j'ai supposé que ça l'avait stimulé, excité, amusé, car, comme tout habitant de Dallas, plongé au sein d'un événement aussi phénoménal, il jouait un rôle. Tout le monde joue et tout le monde ment et tout le monde déforme. Témoins inclus, bien sûr.

Je reverrai ce *cop*, en effet, dans la journée. J'arrive au troisième étage et je tombe au milieu d'une multitude d'hommes, si ce n'est une forêt, en tout cas ce sont des bouquets de caméras de télé et de micros tendus au bout de longues perches, avec des photographes porteurs de gros appareils, les gros machins de l'époque. Ça n'est pas la presse d'aujourd'hui, avec les instruments miniatures qui permettent d'être partout, n'importe quand et de pouvoir filmer facilement. Les choses sont pesantes, encombrantes, et, en même temps, on comprend tout de suite que l'on plonge au cœur d'un monde de professionnels. Au sol, dans cette galerie que j'appellerai couloir, et que les Américains définissent comme le *hall*, cette avenue intérieure où le trafic est impossible à réguler, les câbles de télé courent le long des parois. On s'y prend les pieds. Je n'arrive pas à compter : étions-nous cent, deux cents, trois cents ? Selon les heures et les événements, ce nombre évoluera et montera ou descendra comme le curseur de mercure d'un thermomètre. Ils sont debout, en attente, certains adossés aux murs couleur jaune lavasse. D'autres occupent le centre du couloir, ce sont les sentinelles de l'info, les *newsmen*, les reporters. Ils ont des costumes, vestes et cravates. Certains sont en bras de chemise. Il fait chaud. Ça sent la *body odor*. Il n'y a pas de cheveux longs, ici, pas de débraillés, pas de tronches mal rasées — nous sommes encore bien loin de ce à quoi pourra ressembler le *press corps* d'aujourd'hui — « la meute », pour certains. Nous sommes au début des années 60, quand la presse, et en particulier la presse américaine, s'apparentait à une brigade lourde vêtue sans grande fantaisie, ce qui ne lui ôtait rien de sa pugnacité, de son indépendance. Les types qui sont présents ne respectent que leur propre code, celui de la recherche du *fact* — le fait, le concret. Le fait-divers — tel est le terme, à ceci près qu'il s'agit du Fait-Divers du Siècle.

On ne voit pratiquement aucune femme. La veille, lorsque le fusil Mannlicher-Carcano d'Oswald avait été brandi devant la presse, on avait bien aperçu une petite blonde, mais ce samedi-là je ne l'ai pas revue. D'ailleurs, je verrai très peu de femmes à l'intérieur du commissariat — encore moins de *Blacks*. C'est un monde de Blancs. Les visages sont sérieux, il y a des gros et des épais, des denses et des fragiles. Dans l'ensemble, ce sont des hommes dans la trentaine, qui parlent entre eux, vont et viennent et qui, surtout, patientent. Se mêlant à eux, des flics en civil, allant dans tous les sens de l'avenue dérégulée, ceux qu'on appellerait inspecteurs en France, ici identifiés comme *detectives* et qui se différencient du corps journalistique par leur démarche texane, chaloupée, cadencée, et par leur regard. Si les nôtres sont inquisiteurs, les leurs sont intranquilles — mais chargés, aussi, d'une notion de leur provisoire importance. Ce sont des figurants mais, dans une dramaturgie de ce type, le moindre figurant finit par prendre conscience qu'il est indispensable. Et il le sait. C'est pourquoi tous les flics se déplacent avec la même attitude avantageuse, mais ils font preuve de courtoisie à l'égard d'une presse qu'ils côtoient et veulent séduire. Il me faut rapidement intégrer cet univers. Tout mon objectif consiste à interroger, prendre des notes, m'immerger, m'intégrer à la foule des reporters — communauté provisoire, pas forcément solidaire, somme d'individus attachés à la seule pêche de l'info. J'ai la sensation que ce monde, cet endroit sont conformes à l'image qu'Hollywood en a donnée depuis des années, en particulier dans les polars de série B des années 40 et 50. La presse et la police, à Dallas, ressemblaient à la presse et à la police qu'on voyait sur le grand écran. C'est-à-dire que le cinéma américain a très bien su reproduire la réalité et, par conséquent, les flics et la presse me donnaient l'impression qu'ils imitaient le réel. Or ce cinéma des années 40 et 50, qui avait marqué mes premières années de cinéphile, était en noir et blanc. Les deux couleurs de la fiction. À Dallas, c'était la vie, la réalité, les teintes et les reflets de la vérité, la laideur du quotidien et non l'artificielle lumière des studios de Californie. On évolue dans le cru, et je l'éprouve physiquement, par tous les sens — odeurs, sons, couleurs —, tout cela est vrai, et ça fait battre le cœur. Vous y êtes. J'y suis. « Là où est l'action », pour reprendre l'expression du *taxi driver*.

Il s'agit plutôt d'une attente que d'une action. On poireaute, dans l'attente de l'apparition, déjà rituelle, du suspect numéro un, Lee Harvey Oswald, qui va descendre de sa cellule du cinquième étage pour être interrogé dans les bureaux du troisième. Portes vitrées, portes fermées, devant lesquelles on se tasse. Je m'en approche aussi, pour voir ce qui peut se passer de l'autre côté. Je m'évertue de façon fébrile à poser des questions à mes confrères, glaner toutes sortes d'infos, de détails, la reconstitution des événements de la veille dans ces mêmes locaux, et puis tout avaler, enregistrer, ingurgiter l'ambiance, l'atmosphère. Il faut aussi essayer de se faire connaître d'un ou deux d'entre eux. Ils paraissent confraternels, amicaux sans être chaleureux, sans esprit de compétition puisque vous êtes un *foreigner*. La concurrence joue plutôt entre les locaux. Quant aux représentants des grandes chaînes de télé, ils ont déjà fait un pacte — ils forment un groupe à part. Il faut se faire ami avec ces « locaux » — ils en ont vu et en savent plus que d'autres. Certains étaient sur place, la veille, quand tout a explosé à Elm Street et à Dealey Plaza. L'un d'eux gagnera une grande notoriété dans la presse, d'abord à Dallas, ensuite à Washington. Il s'appelle Hugh Aynesworth. Je me suis souvent intéressé à cet homme, car il a eu la chance, autant que l'instinct, de se déplacer sur les lieux du cortège en sortant de l'immeuble de son journal, le *Dallas Morning News*. Il a donc assisté à l'attentat. Ensuite, il a suivi les flics pendant qu'ils se lançaient à la recherche d'Oswald après qu'il eut assassiné le policier JD Tippit dans les rues d'Oak Cliff. Il racontera qu'il a même suivi la course des flics jusqu'à la salle de cinéma et

63

qu'il a vu la façon dont Oswald s'est débattu, a voulu sortir son pistolet pour tirer sur le *cop*, l'officier de police Mc Donald, qui s'était jeté sur lui. A-t-il entendu cette phrase si lourde de sens qu'a prononcée Oswald avant de tenter, en vain, d'armer son pistolet, et après s'être rendu :

« Ça y est. Maintenant, tout ça, c'est fini » ?

Une phrase que les analystes (par centaines) s'évertuèrent à interpréter dans les mois et les années qui suivirent :

« *That's it. It's all over now.* »

(Certaines sources me dirent que ses mots exacts furent : « *Well, it's all over now* », plutôt que « *That's it* ». Quelle importance démesurée aura-t-on accordée à une aussi petite phrase ! Chacun des mots d'Oswald sera ainsi étudié par les spécialistes pendant un demi-siècle.)

Que voulait dire Oswald ? Que son travail était accompli ? Qu'il avait fait ce qu'il avait décidé de faire — tuer JFK — ou qu'il avait joué le rôle de « leurre », si l'on entre dans la théorie du complot ? Aynesworth a interrogé les témoins, la famille d'Oswald, et sa mère, Marguerite. Il s'est strictement attaché à la chose vue et entendue, ce qui lui a valu la vindicte de tous les adeptes du complot, car il a toujours cru à la version d'Oswald comme tireur seul — aucun *plot*, aucune machination. Il l'a écrit dans un livre qui n'est paru qu'au XXIe siècle (sans doute un des rapports les plus intéressants, constat authentique, conforme à la vérité du terrain. Il remet tranquillement en question toute notion et toute théorie de complot). À l'époque, Aynesworth appartient à ce groupe au sein duquel j'essaie de m'intégrer en ouvrant les oreilles. À chaque confrère je donne mon nom, avoue mon ignorance : « Dites-moi ceci. » Ces gens sont plus ou moins cordiaux, très absorbés, peu loquaces. J'aperçois un homme aux cheveux noirs, belle allure, le visage plus fin que la plupart de ces Américains, et je reconnais d'emblée qu'il s'agit d'un Européen — il a l'air d'un Français. C'est François Pelou, le correspondant permanent de l'AFP à Washington, il est sur le turf depuis le premier jour. Nous nous identifions l'un l'autre, brièvement :

— Comment tu t'appelles ? T'es là pour *France-Soir* ? Moi, c'est Pelou, AFP.

Son accueil n'est empreint d'aucune chaleur particulière, mais je ne devine aucune réticence. Je me dis que, d'une certaine manière, nous pourrions travailler ensemble et, en même temps, on sait bien que c'est chacun pour soi. Pelou, à mes yeux, fait figure de « pro », un aîné, il représente l'agence qui fournit les trois quarts de leurs matériaux à des centaines de journaux français et autant d'étrangers, il travaille pour une des boussoles de la presse, la référence : l'AFP. Il a couvert toutes sortes d'événements allant du sport à la politique — je l'apprendrai quelques jours plus tard, lorsque l'un de mes confrères me rejoindra (car *France-Soir* m'enverra très vite des renforts — même si, pendant les quarante-huit premières heures, j'aurai été seul), mon aîné et ami, Henri de Turenne, même formation et même génération que Pelou. Ces hommes-là étaient, pour un jeune journaliste comme moi, des modèles, des mentors. Je les observais avec respect et mon attitude, depuis que je pratiquais le reportage (quelques années seulement), avait consisté à essayer de me hisser à leur hauteur, à démontrer que, moi aussi, j'étais un « pro ».

Le couloir — le couloir du troisième étage ! C'est l'endroit clé, un espace sans éclat, sinistre, avec un élargissement de cet espace en son bout. C'est là que l'on a vu arriver, menottes aux poings, le jeune homme de vingt-quatre ans au visage tuméfié. Pendant toute sa garde à vue, Oswald sera ainsi baladé d'un étage à un autre, d'une pièce à une autre, encadré par des inspecteurs en civil, toujours chapeautés de leur Stetson à large bord, couleur de sable, le long d'une haie de journalistes. Il faut survivre dans cette foule qui possède la même densité et donne la même suffocante impression que celle d'un couloir de métro aux heures de pointe, ou l'ouverture des portes d'un grand magasin lors des soldes. Bousculade, sans brutalité, mais chacun essaie de trouver la meilleure place et personne ne fait de cadeau à personne. Oswald, qui a été arrêté au Texas Theater, et dont une demi-douzaine de témoins affirme l'avoir vu abattre un flic, JD Tippit, entre 13 heures et 13 h 15 dans le quartier d'Oak Cliff. Oswald, qui dira à plusieurs reprises, sous les courtes mitraillades de questions :

— J'ai tiré sur personne.

Ou encore, à l'autre question, maintes fois posée :

— Avez-vous tué le Président ?

Il répondra :

— On ne m'a pas accusé de cela. En fait, personne ne m'a encore dit ça.

Il ment, bien entendu, puisque tout l'interrogatoire portera là-dessus. Il est impossible d'imaginer qu'on ne l'ait pas *grilled* en continu sur sa présence au sixième étage du Texas School Book Depository Building, le fusil découvert — avec ses empreintes —, il est impossible de croire qu'on ne l'a pas harcelé de questions sur les douilles retrouvées, le meurtre du *cop*, sa fuite, etc. Il a menti tout au long — quand il ne s'est pas réfugié dans un mutisme provocateur. Sa femme le dira — sa famille, quand bien même elle le défendra — ceux qui l'ont connu à travers ses années dans les Marines — ceux qui l'ont fréquenté à Dallas au cours de soirées chez des exilés d'origine russe : « On ne savait jamais s'il mentait, il donnait toujours l'impression de vivre dans un monde intérieur, habité de convictions, ambitions et rancune, éperdu de reconnaissance. »

On lit sur les visages des *newsmen*, ces adultes qui soudain s'agitent comme des enfants pour gagner la place du premier rang à Guignol, l'avide envie de savoir, d'arracher à ce personnage le moindre mot qui ferait la une. Il y a, néanmoins, une sorte de discipline qui s'organise d'elle-même, une hiérarchie. Ceux qui étaient là en premier y restent — et même s'ils sont partis téléphoner, quand ils reviennent, ils regagnent leur position, il n'est pas question de leur faucher la place. « *Get out of my way, will you, please. This is my spot* — Dégage, si tu veux bien. C'est ma place. »

Le voici enfin, on sent comme un frémissement, on entend : « *Here he comes* — Il arrive. » Encadré par deux ou trois policiers en civil, précédés du capitaine Will Fritz, Lee Harvey Oswald s'avance. Enfin, je le vois.

8

Oswald : ce qui me frappa ex abrupto dans son visage, c'était ce que l'on appelle un *smirk* dans le mouvement des lèvres. Un tel mot peut être traduit par un rictus, une grimace, une contraction infime qui crée comme un petit trait au crayon dessiné sur la peau, à la commissure des lèvres, et vous renvoie une sensation de certitude, d'ironie, d'arrogance, voire de mépris. Un défi narquois qu'on lance à la face du monde, aux flics, à la presse, à tous les nantis, les puissants et les riches, aussi bien qu'à tous les bureaucrates qui ne vous ont pas pris au sérieux, les Russes qui vous ont rejeté, les Mexicains qui vous ont refusé un visa, les autres Américains qui n'ont pas voulu de vous à votre retour, les nombreux et divers personnages que l'on a rencontrés de New Orleans à Mexico, pour s'agiter et pour essayer de trouver je ne sais quelle solution à sa propre indéfinissable angoisse, à sa recherche d'une mission à accomplir. Une revanche à prendre. On peut tout lire sur ce *smirk*, on peut tout interpréter, et moi, je crois voir quelque chose qui voudrait dire :

« J'en sais beaucoup plus qu'aucun d'entre vous et je ne parlerai que lorsque je le désirerai. »

Et puis le *smirk* d'Oswald pouvait en dire encore plus, toujours selon moi :

« Je suis devenu l'homme le plus célèbre du monde. Je vais pouvoir m'exprimer à satiété quand l'heure viendra. J'aurai droit à la scène, à la tribune, aux questions, à toute la mise en lumière sous tous les projecteurs du monde. Je suis un personnage extraordinaire car ce que j'ai fait est extraordinaire et j'ai créé, à moi tout seul, un événement dont même moi je ne peux imaginer — dans ce petit immeuble de merde, avec ces crétins de flics qui m'ont tabassé —, je ne peux imaginer la suite et l'ampleur. Mais je sais que je suis l'œil du cyclone, je suis le centre du monde, il n'y a pas, en ce moment, sur cette terre, un inconnu plus connu que moi. Je jouis enfin de cet exceptionnel accès à une renommée inaccessible jusqu'ici, l'entrée dans la majuscule de l'Histoire. Je suis l'auteur et l'acteur, je suis enfin devenu Moi ! »

Ça n'est pas sur-le-champ, dans l'instant, dans ce couloir, le long des bureaux aux portes vitrées, avec ces flics dont je commence à mieux définir le visage et l'allure : ce sont des cow-boys en civil, des péquenots en costume-cravate — ce n'est pas à ma première vision du pathétique jeune homme de vingt-quatre ans (j'avais à peine deux ans de plus que lui) que cette interprétation m'a assailli. Il m'a fallu un peu de recul et de réflexion. Était-ce plus tard, dans la nuit, dans ma chambre d'hôtel, ou lors de mon retour en France — ou encore beaucoup plus loin, lorsque j'ai enquêté, contre-enquêté, lorsque j'ai lu tout, au point d'être saturé, gavé, bombardé de trop de faits et de témoignages, au point d'en avoir même, un jour, pendant mes nombreux déplacements, un sentiment de saturation. Et le souhait d'abandonner. J'ai tellement vécu l'après-JFK, pendant tellement de temps. Plus de trois ans. Et puis, j'ai marqué une pause. Et j'y suis revenu dans les années 70. J'y reviens aujourd'hui, parce que j'ai voulu, à ma manière, observer cette date du cinquante-naire. Retrouver la première impression, restituer l'expérience pure. Lorsqu'on a trop travaillé sur une enquête, lorsqu'on a trop lu et relu, lorsque l'on a trop examiné et contrebalancé les théories, on ne sait plus rien. Ce que je sais, aujourd'hui, c'est que je dois revenir à ma première sensation, fausse ou vraie — celle qui domine souvent le travail de la mémoire. Le *smirk*.

Oswald n'était pas laid. Dans la rue, on aurait pu ne pas lui prêter attention, il aurait pu passer

inaperçu, un type comme les autres : *Mister Nobody*.
Mais c'est une erreur et un cliché car il n'avait
pas une tête comme les autres. Ni laid ni beau,
mais un masque oscillant entre l'hébétude et
la malignité — celui d'un homme qui est sorti
de la norme, qui a commis l'acte important,
majeur, tuer JFK, et même si certains assurent
qu'il ne l'a pas commis, il en a commis un autre,
il a tué un flic, JD Tippit. D'ailleurs, pourquoi
tuer ce flic qui vous interpellait pour vérifier
votre identité, si vous ne venez pas de tuer un
président ? Où allait-il ? Que faisait-il ? Toutes
ces questions, toutes ces énigmes, toutes ces
interrogations, j'essaierai, avec d'autres, de les
résoudre, les jours qui suivront. Mais il y a cette
tête, dont les traits ne peuvent être oubliés. S'il
fallait faire une référence à un faciès plus connu
du public d'aujourd'hui, cinquante ans plus
tard, je dirais qu'il y avait en lui quelque chose
de l'acteur de cinéma américain Ryan Gosling
dans *Drive* — le même ovale, le même refuge
dans le silence, la même fausse expression de
placidité derrière quoi se cachent une colère
et une fureur disponibles. Mais ne confondons
pas : Gosling est séduisant — Oswald ne l'était
pas. Gosling évoluera de film en film, comme
tout bon acteur. Oswald ne changera pas. Mais,
comme Gosling, il donnait cette même impression de posséder une particule d'intelligence
énigmatique, cette semblable et curieuse malignité. Je le revois, là, il passe juste devant moi. Je
suis déstabilisé par la commotion qui s'amorce.

— *Here they come !* — Les voilà !

Au bourdonnement monotone et sopori-
fique de notre attente (le journalisme de faits-
divers consiste d'abord et avant toute chose à
attendre) vient de succéder une rumeur, une
houle. On est monté de trois vitesses. Sans tran-
sition. Les voilà ! Le couloir se réveille, une
brusque poussée de fièvre et d'impatience,
on est affamé, on veut en savoir plus, on veut
le scruter — on veut, comme moi, le voir et
comme ceux qui ont eu la chance d'être présents la veille, le revoir. Les voilà ! Eux, c'étaient
Oswald, encadré de Fritz et de plusieurs flics en
civil. Soudain, dès lors, vous êtes en droit d'em-
ployer l'expression : « C'est le bordel » — la
bousculade au cours de laquelle seule compte
votre solidité physique. Ça flashe de partout,
les gros flashs blancs, aveuglants, avec ce bruit
curieux, ce claquement métallique de ces appareils, désormais tout à fait obsolètes, mais qui,
à l'époque, éblouissaient fortement, SCHLACK,
SCHLACK, ça crépite, YO, YO, YO, lance un type
on ne sait pourquoi, il porte une veste rouge
(il est bizarre, ce mec), et il se fraie un passage à travers les corps, agitant un journal plié
en deux, « *Captain !* », « *Captain !* », crient certains reporters, « dégagez, dégagez », « *get out
of my way* », j'entends ça derrière et autour de
moi et il y a, comme à chaque apparition, le
traditionnel :

— *Did you shoot the President ?* — Avez-vous
tué le Président ?

73

J'entends aussi des « *fuck* », des « *shit* », un « *leave me alone* », qui se traduit par les coups d'épaule d'un gros cameraman, « *let me thru !* », « laissez-moi passer », ou « *let him thru !* », « laissez-le passer », et puis le SCHLACK, SCHLACK de ces appareils, avec une curieuse odeur chimique de leur magnésium qui se mélange à d'autres relents — la sueur humaine et, surtout, l'odeur du cigare bon marché. Étrangement, cette odeur de cigare, à laquelle on s'habitue vite, a semblé s'accroître avec le passage du minicortège — on dirait qu'ils fument tous le cigare, ces flics et ces reporters (rappelons-nous, le flic en civil, Bentley, qui avait sorti Oswald du Texas Theater la veille, une heure et demie à peine après qu'il eut tiré du sixième étage, avait un cigare collé au coin de la bouche comme les seconds rôles des séries B au cinéma).

Je me répète que c'est comme au cinéma. Mais non, ce n'est pas du cinéma, c'est la vérité de la vie, arrête de penser aux films de Siodmak ou Hathaway, c'est du vrai, tu es là, bats-toi, marche-leur dessus, ne te laisse pas faire, ne te laisse pas dégager, gicler, piétiner, expulser du corps en fusion. « *Captain !* », « *Captain !* », et voilà que ça va se calmer, aussi brusquement que cela s'était déclenché, car ils sont entrés dans le bureau des interrogatoires, et nous restons derrière la porte, et le soufflé retombe. On entendrait presque un soupir collectif. Après cette éruption d'excitation, fureur et passion, la meute se disperse, s'égaille, se disloque, on s'ébroue, on se parle, il faut trouver le temps d'emmagasiner tout ça — à quoi il ressemble vraiment, qu'ai-je compris à la vision de cet « assassin présumé » ? Que puis-je dire dans l'immédiat ? Et qui est donc le gros et gras petit homme qui se mêle à nous ? Il porte un chapeau mou, pas un Stetson, un fedora à large bande noire et courts rebords. Qui est-ce ? Je l'oublie, puis le reverrai, plus tard, mais d'abord je dois collecter mes propres pensées, je dois tenter de raisonner.

À ce passage d'Oswald, ai-je vu un tueur ? Est-ce bien véritablement l'« assassin présumé » ? Autour de moi, les avis diffèrent, mais les opinions ne s'expriment pas beaucoup, aucune littérature, aucune philosophie, ni psychologie de bazar, on baigne dans le concret, on se livre plutôt à un échange de petites informations, des myriades de petits faits recueillis. Les jugements viendront plus tard. Dans l'instant, on se parle, et l'on voit débarquer d'autres gens comme si cette masse compacte, cette espèce de bulle, grossissait en volume avec les heures dans un espace toujours semblable. Peu à peu, tout ce que le monde comporte de journalistes est en train d'investir les lieux, devant les portes du *Homicide and Robbery Bureau*. À l'intérieur duquel on peut voir des détectives, décontractés, jambes repliées sur les accoudoirs des chaises. C'est à qui, dès lors, va pouvoir arracher je ne sais quelles bribes inédites au meneur en chef de l'enquête, le capitaine Will Fritz, qui conduisait le cortège, ou au chef de la police, Jesse E. Curry. Ces deux flics, dont nous ne mesurons ni la compétence ni le sens de l'organisation, mais qui paraissent porter le poids du monde sur leurs épaules.

Fritz, avec son nez au bout rond et rouge, ses boutons sur les joues (était-ce l'absorption fréquente de bourbon ?), ses chairs molles au bas du visage, avec ses lunettes, son costume banal, sa corpulence, sa totale absence de souplesse. D'ailleurs, ils étaient tous lourds, ces hommes. C'est de la lourdeur que je me souviens. Céline parle de la « lourdeur des hommes ». Fritz, un flic dont on dit qu'il a un « passé de grande réussite ». Qu'il a résolu 98 % de meurtres en dix ans. Arrêté des centaines d'assassins. Un cador. Un vieux de la vieille. Et puis il y a l'autre, le responsable de la police de Dallas, le grand et gros et pataud Jesse E. Curry, embarrassé par le même manque de grâce physique. Il ressemblait aux joueurs de bowling dans les séances du samedi soir, avec du vide dans un regard qui se voulait solennel. Curry, se morigénant sans doute en silence de n'avoir pas su, lorsque fut définitivement décidé le parcours (Main — Houston — Elm) de la limousine SS-100-X et du reste du cortège vice-présidentiel (avec les véhicules de tous les autres notables, ainsi que ceux des journalistes), de n'avoir pas su assez bien faire quadriller les immeubles, vérifier les abords les plus ombragés ou les espaces les plus vides. Curry, le placide, l'opaque, moins aimable qu'il ne voulait paraître, et que l'on accusera de cette négligence en spéculant qu'il s'agissait, en fait, de sa participation à un complot — mais dont il est évident que c'était, plus prosaïquement, sinon de l'amateurisme, du moins une forme d'incompétence, ou bien alors cette fierté texane, cet orgueil consistant à dire : « Nous savons ce que nous faisons, cette ville est parfaitement sécurisée, ne vous inquiétez pas. On va quand même pas déplacer 1 100 policiers pour ça. 300, ça suffit. » Curry, qui avait pris la tête du convoi automobile dans la première voiture précédant la Lincoln et qui irait jusqu'au Parkland Hospital avec ce convoi, jusqu'à la porte de la salle d'opération, où l'on essaierait, en vain, de sauver un JFK déjà mort vivant — et qui reviendrait ensuite au Dallas Police Headquarters, puisque c'est là que ça se passe, c'est là qu'on interroge Oswald, dans ce quadrilatère de pierre grisâtre, Oswald qu'on a mis en cellule très vite après son arrestation, Curry voulant contrôler la scène, donner le change, donner l'apparence d'un savoir et d'une maîtrise et d'une gestion de cette scène, mais, en réalité, totalement dominé par elle. L'événement est plus gros que lui, il est plus gros que Fritz, il est plus gros que nous tous, plus gros que le Texas, plus gros que tout.

Curry, qui, à la surprise de ses anciens collègues, revint, six ans plus tard, sur ses convictions, dans un mauvais petit livre paru en 1969. Contredisant sa propre attitude pendant novembre. Il meurt, avec ses secrets ou ses mensonges, d'une crise cardiaque, en 1980. Mon souvenir de Curry ? Un incapable.

Pendant ce temps, à Washington, Bobby, le frère, le dévoué jeune ministre de la Justice (*General Attorney*), préparait avec Jackie les moindres détails pour les cérémonies des obsèques du lendemain. Faisant appel à toutes les compétences historiques, à la recherche du moindre parallèle avec la mort et les funérailles d'Abraham Lincoln, s'absorbant, avec l'aide d'une brigade d'assistants, dans cette tâche cruelle afin de ne pas trop réfléchir à ce qui ne serait plus jamais pareil — la fin brutale du règne de celui qui avait été leur roi. Les télégrammes de condoléances tombaient de la part de tous les gouvernements et chefs d'État du monde. Ni Jackie, ni Bobby, ni le reste du clan ne pouvaient tout lire. Ils n'avaient pas dormi. Ils ne dormirent pas, ou presque, pendant les jours qui suivirent. Jackie tiendra vingt heures d'affilée. C'est elle qui prit toutes les décisions.

Bobby, qui ne se remit jamais de la mort de

son aîné — Bobby, qui ignora Johnson lorsqu'il monta dans l'avion à Bethesda — « Jackie, je suis là ! » dit-il, faisant fi de la présence de celui qui était devenu président et qu'il haïssait sans limite. Bobby, qui fut discret en public, mais ne dissimula pas à sa famille ses doutes sur la commission Warren (enquête officielle) et fit part de ses soupçons à ses proches (la Mafia ? Giancana ?), puis, comme tout le clan, finit par se résigner aux conclusions de Warren. Bobby, dont JFK eut autant besoin que Bobby avait besoin de lui. Qui le conseilla et l'épaula au cours des crises (Cuba — par deux fois) qui se succédèrent au cours d'une présidence mouvementée, faite d'autant d'erreurs que d'exploits. Bobby, inconsolable — voué à mourir, lui aussi, cinq ans plus tard. Fascinant homme jeune, aux dents en avant, son corps et son visage tout entiers tendus de haine envers tous « ceux qui ne sont pas avec nous », viscéralement investi de la loi d'airain du clan Kennedy : « *Winning is not everything, but losing is hell* — Gagner, ce n'est pas tout, mais perdre, c'est l'enfer. »

Je revois Oswald. Je le revois, aujourd'hui : il est passé tout juste devant moi, au point de pouvoir le toucher, même si j'étais déséquilibré par les coups d'épaule des reporters. Simultanément, j'essayais d'analyser et d'observer cet homme, son petit corps et son visage. Il était plutôt maigre, pas svelte (*slender*) mais mince, sans graisse, on sentait du nerf, de la dureté dans le port de tête, le tombé des épaules. Il mesurait 1,75 mètre et pesait 68 kilos. Quant au visage, il renvoyait la même impression de rugosité, hargne et dissimulation. La lèvre supérieure était fine, aiguë, plate et tranchée, comme une lame d'acier avec un minuscule *v* en son milieu. Aux deux extrémités, il y avait une petite ridule concave, celle qui traduisait déjà, même à vingt-quatre ans, la frustration et l'aigreur, l'insatis-faction, l'impatience de vouloir être quelqu'un d'autre que ce qu'une enfance erratique, une jeunesse incomplète, un début de vie d'adulte incohérent et nomade avaient fait de lui. La lèvre inférieure était plus dense, courte, ronde en son milieu et ne trahissait rien d'autre qu'un goût immodéré de soi. Il avait des sourcils des-sinés au noir et des yeux qui renvoyaient, avec plus d'intensité encore, cette même affirmation du *smirk* que j'avais immédiatement remarquée lorsqu'il avançait vers nous. Deux billes sombres et fixes, ces yeux, quelque chose d'assuré dans le regard, l'éclair d'une certitude ou de plu-sieurs certitudes. Rien d'affolé ni d'angoissé dans l'œil, rien de perdu ni d'égaré, ni malheu-reux ni coupable, au contraire. Un mélange, en vérité : parfois, il a l'air d'un imbécile, par-fois d'un mystificateur. À mesure qu'il mar-chait, menottes aux poings, et qu'il nous frôlait, encadré par les deux flics en civil, je me disais : « Mais nous pourrions le toucher ! — voici donc "l'assassin présumé du président des États-Unis" et n'importe qui, à cet instant, pourrait même faire bien plus que le toucher. »

Je me disais : « On est au Texas, tout de même, ça n'est pas un endroit très tranquille et ce commissariat a tout d'une passoire », j'étais bluffé et ça m'a toujours bluffé, cette évidence de la proximité d'un tel suspect, d'un personnage capital à notre contact, à notre portée, ou à celle d'autres gens. On vivait là, en fait, la réalité d'un événement d'une ampleur considérable se déroulant dans une ville de province appartenant à un État très particulier. On observait aussi la démonstration qu'aux États-Unis le quatrième pouvoir qu'est la presse reçoit, de la part de la police — toute police et, a fortiori, celle d'une ville déjà mise en accusation —, une bienveillance, une prudente considération, une vaste liberté de manœuvre. Tout cela ne sentait pas le parfum du danger, mais on ne pouvait éviter de penser à la possibilité d'un geste. Et si ce n'était pas du danger, c'était une tension, une électricité, ça dégageait de l'imprévisible. Cet excès de laxisme avec lequel nous nous déplacions, et avec lequel Oswald était promené dans ce périmètre à peine quadrillé, m'a frappé au moment où je l'enregistrais, et je crois, honnêtement, ne pas en exagérer la description, aujourd'hui. À mesure qu'Oswald marche à petits pas, et que je m'efforce d'accumuler impressions et observations, il m'apparaît, cet étranger, comme un animal d'un extrême sang-froid.

81

Il est là, en effet, menotté, silhouette relativement frêle entre tous ces mastodontes — je n'ai
pas encore rencontré un Texan de petite taille,
ça viendra sans doute, on dit souvent, en parlant
d'eux, les *tall Texans* — les grands Texans, les
hauts Texans. Forcément, même quand ils sont
de petite taille, leurs bottes à talons biseautés,
les *high heel boots*, leurs bottes de cow-boy, leur
permettent de dominer les autres Américains.
Oswald entend-il les interjections, exclamations, dans ce brouhaha, ce chahut, ce chaos ?
Il a passé sa première nuit en cellule, il a déjà
subi plusieurs interrogatoires, il a été soumis
au feu des questions dans l'une des deux pièces
dont les vitres portent la mention *Homicide and
Robbery Bureau*. Si cette inscription revient plusieurs fois dans ce récit, c'est que je la trouvais
attirante, illustrant tout un passé de voyous de
bas étage, criminels de droit commun, auteurs
de hold-up ou d'agressions, et il y avait ce mot,
Homicide, qu'on ne voyait pas dans les locaux
de la police française et qui rappelait en permanence pourquoi nous étions là. Un homicide
avait été commis, et pas contre n'importe quel
homme. Deux homicides, en fait : JFK d'abord,
bien sûr — et ensuite Tippit, le flic d'Oak Cliff.

Sait-on seulement si Oswald a bien dormi (il
aurait dit qu'il avait passé une excellente nuit) ?
Sait-on seulement de quoi il s'est nourri ? Il est

là, « *Rabbit* », comme l'appelaient les autres, qui ne l'aimaient guère quand il faisait son service militaire chez les Marines au Japon ou ailleurs et qu'il avait déjà inscrit sa différence, marqué sa solitude, où qu'il soit passé — « Ozzie le lapin », disait-on. Rien ne paraît troubler son allure et son comportement. Je le trouve maître de lui-même, composé, lorsqu'il clame par-dessus le bruit de nos voix, à notre intention :

— J'aimerais tout de même qu'on m'accorde mes droits les plus basiques d'hygiène. Par exemple, prendre une douche.

Nous l'avons entendu dire cela, et seulement cela, en articulant les mots de façon mécanique, avec sa tonalité particulière, une légère trace d'un accent sudiste, mais à peine discernable. L'expression « parler d'une voix blanche » convient parfaitement à son élocution. Un ton vide de toute expression autre que celle du constat. Mais il était clair qu'il possédait une certaine commande du langage. Les mots sont choisis, ce ne sont pas ceux d'un dérangé, ignare et inculte, mais d'un autodidacte qui s'est nourri de toute la littérature militante, a prétendu connaître très tôt le marxisme, dès l'âge de quinze ans, et en être un adepte — un pseudo-dialecticien qui avait, d'abord, intéressé les services secrets du KGB pendant son séjour en Russie. Ceux-ci l'eurent vite classé comme un spécimen bizarre, pas fiable, et abandonnèrent toute idée de le manipuler ou l'utiliser. C'est la même voix neutre qui avait intrigué les opérateurs d'une radio locale à New Orleans, lorsque, quelques mois avant l'assassinat de Dallas, il y avait été interviewé parce qu'il s'agitait et distribuait des tracts dans les rues en faveur de Cuba. Son langage aura interloqué quelques-uns des détectives qui, la veille, avaient assisté à son interrogatoire et qui me diront :

— C'est très troublant. On a eu l'impression qu'il se foutait de nous. On avait aussi l'impression qu'il avait répété tout cela, ses répliques, ses réponses, ses silences.

Un autre ajoutera :

— Il m'a exaspéré. On avait envie de lui foutre une claque sur la gueule tellement il paraissait sûr de lui. En fait, il mentait, il mentait tout le temps.

Entre chaque commotion au sein du couloir du troisième étage, il y a des pauses. Je me retrouve aux toilettes, pas très encombrées. Peinture jaunâtre aux murs. Odeurs violentes d'un désinfectant sans nuance qui balaient les effluves des cigares ou les relents venus des urinoirs. Je retiendrai toujours cette séquence, merveilleuse dans son déroulement. Sur le coup, elle ne m'a pas fait rire, mais carrément subjugué.

Voici : deux détectives (en civil), bottés mais sans chapeau, tous deux cigares au bec, en train de pisser, l'un à côté de l'autre. On dirait des jumeaux. Même taille, même dégaine, même imperturbable sérieux sur leurs visages bien rasés, satisfaits. Mêmes mâchoires carrées, même coupe de cheveux sur des nuques de bovins, des cheveux noirs et luisants, gominés. Bien sapés, ces types. Je suis à leur côté, debout devant l'urinoir. Ils parlent à voix haute, sans se soucier de qui les écoute. Ils sont chez eux. Ils ont les yeux baissés sur leur braguette, et l'on entend leur *twang* à tonalité prononcée, forte, fleurie. Le premier :

— C'est un con, ce type. Un sale con.

L'autre répète, presque mot pour mot :

— Un petit connard, oui.

Un silence. Les deux flics semblent absorbés dans la contemplation de la trajectoire de leur urine autant que plongés dans la profondeur de leur pensée. Le second reprend :

— Mortel connard, quand même. Mortel, le p'tit enfant de putain.

Le premier, au bout d'un bref silence :

— Quand même.

Ensemble, ensuite, dans un mouvement presque harmonieux, on dirait qu'ils l'ont répété, ce numéro de duettistes, ils reculent, rezippent leur braguette, pivotent, vont se laver les pognes au lavabo de faïence ébréché, jettent un coup d'œil circulaire et négligé sur les quelque quatre ou cinq personnes qui se trouvent aussi dans les toilettes. Le premier homme, avant d'ouvrir la porte vers le couloir, décide soudain de revenir en arrière d'un demi-pas pour cracher un jet de salive brunie par la succion de son cigare. Il s'efface, laissant à son acolyte le soin d'effectuer le même jet, qui suit la même direction. Ils se regardent alors, semblant pleinement contents de la perfection de leur action. Ils n'ont pas raté le lavabo, ni l'un ni l'autre. Aucune éclaboussure.

Je me dis, aujourd'hui, que seul le cinéaste Quentin Tarantino saurait recréer cet instant avec authenticité. Le talent particulier de l'auteur de *Reservoir Dogs* ou de *Pulp Fiction* repose, en partie, sur l'exactitude avec laquelle il aura toujours su filmer ce monde d'hommes, imbéciles sans l'être — ces primaires au langage concret, emmurés dans leur importance autant que dans l'insignifiance. Tarantino venait de naître, en 1963, l'année de Dallas.

Je n'avais pas décidé, en voyant mes sublimes duettistes ouvrir la porte des chiottes pour rejoindre leurs collègues, que je devrais décrire et dicter cette scène à mon journal. C'était trop anecdotique, pensais-je. Pas assez d'informations ! J'avais tort, bien entendu. Peut-être la veine du romancier ne dominait-elle pas encore assez mon travail, car c'eût été un joli paragraphe. J'ai cru que j'étais le seul à saisir cette saynète. Les câblistes de télévision, présents au même moment, n'avaient visiblement prêté aucune attention aux jumeaux à nuque gominée et au dialogue elliptique et irrésistible.

Un autre spécimen de *cop* gominé et cigare-addict, Paul Bentley, celui qui avait participé à l'arrestation chaotique de Lee Harvey Oswald au Texas Theater, fut sans doute le premier à lui poser la question :

— Vous avez tiré sur le président Kennedy ?

Oswald, sans attendre, contrairement à ce qu'il déclara plus tard dans les locaux de la police, répliqua, lèvres serrées, fureur rentrée :

— *Find out for yourself* — C'est à vous de trouver.

Une telle réponse, qui n'a pas été médiatisée, méritait réflexion. Que voulait-il dire ? Se moquait-il de ceux qui venaient de le capturer ? Personne n'a perçu cela dans l'instant même où ces mots furent prononcés : il ne niait pas. Il ne disait pas : « Non, ce n'est pas moi. » Il disait : « Démerdez-vous. C'est votre affaire. C'est pas moi qui vais vous aider. »

Mais il ne niait pas.

9

Autre élément, tellement typique de ce lieu et de ces jours ahurissants. Les interrogatoires, tous soit menés par le capitaine Will Fritz lui-même, soit supervisés par lui — autre incongruité de ces jours incongrus —, n'ont jamais été sténographiés, ni enregistrés au magnétophone. Apparemment, aucune machine, aucune assistante, aucun greffier, aucune prise de note pour un total de douze heures d'interrogatoires entre le vendredi 22 à 14 h 30 et le dimanche 24 à 10 h 15 du matin. Soyons honnêtes : Fritz a largement déposé devant la commission Warren et son compte rendu est assez détaillé pour qu'on saisisse à quel point le vieux Fritz tenait son coupable et n'était pas dupe du menteur Oswald, dont il détricotait les dénégations. Il n'empêche : pas de sténo ! C'est ce qui m'est dit par l'un des adjoints de Fritz et, dans l'atmosphère de cette « fantasia chez les ploucs », cela ne m'a pas tellement surpris. Le même interlocuteur m'a confié que le FBI jouait son rôle, entrait et sortait du bureau de Fritz, qu'un de leurs agents (un certain Hosty) avait connu Oswald, l'avait fiché quelque temps auparavant, et venait en parler — et qu'il y avait des problèmes de souveraineté entre la police locale et la police de l'État du Texas et la police fédérale, et que tout cela contribuait, sinon à un désordre ou à du brouillon, du moins à des lacunes stupéfiantes dans l'organisation des sessions d'interrogatoire. Mais enfin, c'était Fritz qui conduisait le bal. Et il savait faire : c'était lui qui, sur place, quelques heures après l'assassinat, avait collecté les preuves concrètes.

Oswald ressort, même attroupement, mêmes interpellations, et même semi-silence venu de ce même jeune homme sur lequel, depuis déjà hier, la police, le procureur, les autorités de Dallas, le binoclard et lourdaud Jesse E. Curry possèdent, selon eux, suffisamment de preuves pour l'accuser formellement d'avoir tué John F. Kennedy. C'est ce que Fritz me confirmera, alors que j'allais quitter l'immeuble et que je pus obtenir quelques secondes d'entretien avec lui. Il me précisa qu'il opérait toujours à la fois sur son intuition et sur les faits, les pistes, et sur la construction de ses interrogatoires. Avec le rythme doucereux de sa voix :

— Je travaille toujours sur des tuyaux et des preuves, me dit-il, et, croyez-moi, j'en ai assez amassé pour l'impliquer formellement. Pourquoi croyez-vous que nous avons signé, hier, à 11 h 26, la déclaration officielle l'accusant du meurtre du Président ? Il peut toujours tout nier ou se taire, faire le ricaneur, mentir sur ses déplacements et fausses identités. J'ai signé. On a toutes les preuves, fusil, douilles, pistolet, empreintes, tout ! On tient le vrai coupable.

Il me répéta : « à 11 h 26 », comme si cette heure avait une importance quelconque. Aux enquêteurs de la commission Fritz révéla l'intégralité de ses échanges avec Oswald, dont celui-ci :

— Vous savez que vous avez tué le Président ? Ceci est une accusation sérieuse.

Oswald :

— Non, je ne l'ai pas tué.

Fritz :

— On l'a tué.

Oswald :

— Les gens auront oublié dans quelques jours. Y aura un autre président.

Le visage de Will Fritz, c'était comme une groseille, avec de l'écarlate, des yeux rouges et fureteurs derrière de grosses lunettes à monture d'écaille, style fin années 50, début 60. Celui de Jesse E. Curry, c'était du navet, de la blette. Rien n'y fait : je ne peux me débarrasser de l'image de Will Fritz, qui n'était pas aussi « plouc » qu'il en avait l'air. Un madré, en fait, un rusé, un obstiné. Sa bouille ronde, peu souriante, ses joues gonflées, la peau pendouillant sous son double menton, ses mains calleuses. Il parlait d'une voix plutôt douce. Il n'était peut-être pas le plus élégant, le plus brillant des protagonistes de cette tragi-comédie. Il ne portait pas de costards taillés sur mesure, ou de bagouses trop voyantes, comme certains adjoints de Wade, le procureur, et je ne le vis jamais un quelconque cigare collé au coin gauche de sa lèvre, roulant des épaules avec ce *swagger* (air crâneur et avantageux, plastronnant, cavalier et désinvolte) typique des margoulins de toutes sortes qui pullulaient dans cette cité de Sudistes transplantés et dans l'entourage du maire, Earle Cabell. Ces friqués du pétrole et du coton, ceux qui inspirèrent les auteurs du célèbre feuilleton TV (« Dallas »), dont il m'a toujours semblé qu'il n'y avait presque rien d'inventé dans le comportement des protagonistes — série culte qui a approché une sorte de vérité, la *Texan way of life.*

Le bon vieux capitaine Fritz appartenait à la catégorie laborieuse du flic sorti du rang, qui a vécu son lot de tirs rapprochés dans des échauffourées dans les bars, commis des erreurs et des faux pas, a été soumis à des compromissions sans importance, contrebalancées par des exploits magnifiés par la presse locale — aveux obtenus sous la pression de son interrogatoire pesant et répétitif, parfois à coups de gifles, bien plus souvent « à la gentillesse », en « attendrissant la viande », mystères résolus (« faut toujours aller à la source des meurtres : fric, femme, alcool », m'avait-il aussi confié), l'archétype du *cop* du Sud-Ouest américain. Au début, je l'avais pris pour un clown sans autorité, un bouseux en costume de ville, et je crois que je m'étais trompé. S'il n'a rien pu empêcher de ce qui se passerait le lendemain, j'ai fini par juger que c'était un vrai flic à l'ancienne, tentant de maîtriser l'événement, s'évertuant à faire son job, entouré des fédéraux et de la police d'État, tous ceux qui voulaient lui « voler » son suspect, son assassin présumé, et qu'il essayait de garder comme un fermier protège sa meilleure poule pondeuse. On peut lui pardonner d'avoir oublié, ou décidé d'oublier, les prises de notes de ces heures de questionnements d'Oswald, puisqu'il livra tout à la commission. L'absence de sténo signifiait-elle une complicité quelconque ? Je n'en crois pas un mot. Ce n'était rien d'autre que les propres limites humaines et intellectuelles du vieux renard.

Ils n'étaient pas fantastiques, ces deux hommes, pas plus que les 1 100 et quelques flics de la force de police de Dallas. Ils ont même fait preuve d'une généreuse indulgence, cédant aux injonctions des télévisions, prêts à collaborer avec la presse, prêts à « coopérer, aider, informer ». Turenne devait dire, à peine arrivé à Dallas : « Vos flics sont les plus gentils policiers que j'ai pu rencontrer. » C'étaient, tout bonnement, des provinciaux — appartenant à un État tellement riche, tellement puissant, tellement certain de sa supériorité et de sa différence, qu'il en devenait encore plus provincial, précisément. Un ami m'a dit, un jour, à propos du Texas de cette période : « Ce sont des ploutocrates, et leur ploutocratie se transforme en plouquocratie. » Un bon mot, mais qui, je le jugerai quelques jours plus tard, au cours de mon dîner chez les riches, n'était pas tout à fait justifié. Dallas possède aussi des musées, une salle de concert, et une classe de la société plus raffinée qu'on aurait pu le croire. Il est stupide de vouloir généraliser : les couches sociales, à Dallas, comme dans n'importe quelle grande ville américaine, sont suffisamment contrastées et diverses pour que l'on y trouve tout — finesse ou vulgarité, éducation ou ignorance. En 1963, cependant, au cœur de la ville, où nous faisions œuvre, ça n'était pas la sophistication qui prévalait. Le mot n'était guère prononcé par les occupants provisoires des couloirs du DPH, la « meute » médiatique face aux *cops* et à Oswald.

Il n'y avait guère de « culture » dans le huis clos oppressant de ce commissariat. Il n'en existe dans aucun local de police dans le monde. Ce sont des univers dépourvus de toute empathie ou de tendresse. On n'est pas là pour écouter du Mozart ou disserter sur la délicatesse des sonnets d'Emily Dickinson. On est là pour frôler un assassin.

En juin 1963, cinq mois avant l'assassinat, Kennedy reçut à la Maison-Blanche un petit groupe d'hommes politiques avec qui il s'entretint du problème noir, de la ségrégation, des dissensions qui se manifestaient de façon de plus en plus exacerbée au sein de la nation américaine, des périls qui surgissaient à propos des droits civiques, des risques d'une explosion dans les ghettos noirs des villes du Sud.

Le Président exposa ces difficultés en détail, avec grande franchise, et révéla sa propre crise de conscience face à une situation qui menaçait de diviser les États-Unis aussi gravement qu'une centaine d'années auparavant — avant que la question de l'esclavage ne provoquât la guerre civile, cette immense boucherie entre les armées du Nord (en uniforme bleu) et celles du Sud (en uniforme gris). « *The Civil War.* »

Soudain, JF Kennedy interrompit ce sombre dialogue dont la tonalité avait surpris le petit groupe. De la poche de son veston il tira un morceau de papier sur lequel il avait, de sa main, recopié des vers de Shakespeare. Ils étaient extraits de la tragédie *Le roi Jean* (acte III, scène 1), et ont été traduits différemment selon les époques — mais les vers que Kennedy lut à voix lente disaient :

Le soleil s'obscurcit et se charge de sang.
Adieu, belle lumière du jour !
À quel parti dois-je me joindre ? Je suis lié à l'un et
  l'autre.

Chaque armée a une main, je les étreins toutes deux,
Et, dans les tourbillons de leur lutte forcenée,
Elles m'entraînent et me déchirent.

A-t-on bien retenu, à l'époque, ces deux vers prophétiques ?

Le soleil s'obscurcit et se charge de sang.
Adieu, belle lumière du jour !

On raconte que, ce jour-là, les rares personnes témoins de cette révélation intime des pensées d'un président éprouvèrent un sentiment confus mais unanime d'anxiété, voire de peur. Le silence qui suivit la lecture faite par Kennedy dura plus d'une minute.

Il me faut tout de même sortir. Un peu. J'ai de quoi faire un bon « papier ». Assez long, assez fourni désormais, en ce samedi. Il est 12 h 35, heure locale, il faut foncer pour téléphoner car, au bout de la ligne à Paris, avec le décalage horaire, c'est le soir, et j'ai un chef d'info en ligne. Était-ce Rabache, Chardigny, Schropf, qui d'autre ? Où sont-ils aujourd'hui, tous ces vétérans de la presse ? Ou bien était-ce un deuxième rôle ? Le soir va bientôt tomber à Paris, les chefs sont partis. Je ne sais même pas si la copie que je dicte pourra véritablement être utilisée. Normalement, nous ne paraissons pas le dimanche.

95

— Mais si, me dit mon interlocuteur, ils vont peut-être décider de faire une spéciale. Vas-y.

Je l'entends alors me dire :

— Pisse, Labro, pisse !

Et moi, perdu dans mon américanité, je croyais qu'il me disait :

— Peace !

Le *peace* du *peace and love* qui commençait à éclore sur certains campus de Californie ? Ou bien voulait-il seulement me calmer ? Sentait-il que j'étais trop nerveux, trop volubile, débitant mes mots et mes images, restituant mes intuitions en désordre ? Mais non, il parlait le langage des salles de rédaction de l'époque : « Pisser de la copie » — c'est tout ce que l'on attendait de moi.

J'ai pissé. J'ai tellement pissé que je me suis pissé dessus le lendemain, dimanche, mais nous n'en sommes pas encore à ce stade de mon récit. Nous sommes samedi, fin d'après-midi, et je vais retourner au Dallas Police Headquarters où je vais faire une rencontre, dont je n'ai pas compris, sur-le-champ, l'importance et l'intérêt.

10

Retour au DPH, la foule de reporters ne s'est pas amoindrie. Je retrouve des visages maintenant familiers. Un confrère de la presse locale raconte qu'Oswald a reçu la visite de son frère, de sa femme, Marina, et de sa mère, Marguerite :

— L'air paumé, toutes les deux.

Je m'éloigne du centre du couloir et me dirige vers la *Basement Assembly Room*. J'y retrouve le gentil *cop* au visage poupin, juvénile, qui m'avait accueilli le matin, à l'entrée. Il me fait un signe :

— Venez ici, au calme. Ça va ? Le travail ?

— Ben, oui, c'est pas facile.

— Qu'est-ce que vous voulez savoir ? Oswald ? Il est au cinquième étage. Je peux vous en parler, mon ami.

C'est une mine d'or, ce garçon.

Il me raconte, alors, qu'entre les sessions d'interrogatoire on fait remonter Oswald dans sa cellule, extrêmement bien gardée par deux geôliers :

— Fritz, il interroge, parfois court, une demi-heure, parfois long, ça dure une heure vingt-cinq, deux heures. C'est sa méthode. Ne croyez pas qu'il soit brutal, il est patient. C'est comme ça qu'il fatigue la bête. Oswald n'a pas l'air de céder. Il est froid, ce type. Mais Fritz est *shrewd* — perspicace. Il tient la bête et ne la lâchera pas. C'est un bon, le capitaine !

Au cinquième, Oswald est incarcéré dans la « cellule de sécurité maximum ». Elle se trouve au centre d'un ensemble de trois autres cellules — le tout est séparé du reste de l'étage, occupé par des cellules plus banales. Une rumeur avait couru selon laquelle Oswald aurait partagé sa cellule avec un autre détenu. Mon *cop* l'a démentie — et je n'aurais pu en croire un seul mot. Qui peut imaginer que Fritz ait pris le risque de laisser qui que ce soit dans la même cellule que l'assassin présumé de Kennedy ?

— L'étage en dessous, c'est celui des visites. Le quatrième.

Il propose de me le montrer. Nous empruntons un ascenseur situé à l'écart du hall. Arrivés au quatrième, mon *cop* m'ordonne de rester devant la porte de l'ascenseur. Et de me faire tout petit. De loin, je peux vaguement apercevoir deux hommes penchés l'un vers l'autre, entourés de gardes en uniforme sombre. Le *cop* chuchote :

— Oswald et son frère. Venez, on repart. Trop risqué, tout ça.

On redescend. Le « gentil *cop* », dont je ne connais même pas le nom, me reconduit au centre de l'activité du troisième étage. On a appris qu'au cours de cette entrevue avec son frère aîné (qu'il aimait et admirait, mais dont il s'était éloigné) celui-ci, Robert, voulut s'approcher au plus près du visage de Lee. Il le regarda « les yeux dans les yeux ». Robert a rapporté que son frère lui avait dit :

— Tu ne trouveras rien dans ces yeux ! Rien !

— *My name is Jack Ruby.*

Qui était cet homme, qui se baladait parmi nous, ni flic ni journaliste ?

Il s'est présenté à moi.

— Jack Ruby. Appelez-moi Jack.

Il portait, enfoncée autour de l'auriculaire de sa main droite, aussi boudinée que la gauche — des mains d'équarrisseur —, une chevalière sertie d'un minuscule diamant — probablement de pacotille. Il avait des mains compactes, et des doigts aux ongles soigneusement manucurés. Un visage au menton bien dessiné, un nez fort, les oreilles qui se détachaient, encadrées par une chevelure courte, noire, montant sur un front large, dont on pouvait deviner, lorsqu'il ôtait son chapeau, qu'il se dégarnissait vite. Peut-être même se teignait-il les cheveux. Le chapeau, on le vit sur sa tête plus tard, le lendemain, mais, en l'occurrence, il le tenait à la main, gris foncé avec un bandeau noir, large, un format plus ramassé qu'un borsalino, des rebords moins étalés et affinés — modèle courant qu'on appelle fedora. Il se frottait la partie gauche des tempes, puis jouait avec son nez.

Tout était épais chez lui : le corps, le visage, les pognes — il pesait 80 kilos pour 1,75 mètre, ce qui n'a rien d'excessif, mais tout cela formait comme un tas de chair et de muscles. La première fois que je l'avais remarqué, s'agitant dans le hall, traversant les groupes, il paraissait plus petit qu'il n'était. Devant moi, cette musculature et cette densité modifiaient la première vision que j'avais eue de lui. Une chemise blanche, une cravate en soie blanc saumon, un costume sombre, coupé prêt-à-porter. On pouvait deviner des couches de graisse sous la veste. Le plus remarquable, cependant, c'étaient ses yeux, deux prunes noires enfoncées dans les orbites sous des arcades sourcilières, l'une plus relevée que l'autre. Un dessin des yeux asymétrique, comme pour tout visage humain, et qui donnait ceci : l'œil droit, une pupille exagérément forte dans un iris aussi sombre — un regard de fou. L'œil gauche, moins fort mais plus rieur — un regard de jouisseur. Il dégageait aussi une impression de vivacité, qui jurait avec l'ensemble râblé et ramassé, taurin. Ruby était lourdingue et, néanmoins, il frétillait. Il n'arrêtait pas de se mouvoir, se coller aux gens, aller des uns aux autres, discutailler, loquace, souriant tel un représentant de commerce en action, un vendeur de statuettes bon marché

— ce qu'il fut à Chicago, dans sa jeunesse —
ou d'accessoires automobiles usagés, un de ces
types qui vous fourguent des tickets au noir, à la
dernière minute, devant les salles de spectacle
à Broadway ou ailleurs. Une grande vulgarité
se dégageait de sa personne, presque comme
une odeur. Il puait la familiarité immédiate
des gens de la nuit, cette sorte d'hommes ou
de femmes qui veulent établir tout de suite un
contact avec vous de façon physique, en vous
touchant, vous apprivoisant par un coude qu'on
caresse, une main qu'on garde trop longtemps
dans la sienne, pour créer une complicité artificielle, la connivence des buveurs, des fêtards. Je
l'avais vu tirer la manche de veste d'un reporter
— il tapait sur l'épaule d'un autre —, il ne cessait de s'adresser à eux, presque agressif dans sa
manière de vouloir attirer l'attention :

— Vous faites partie des *boys* ? Tout le monde
me connaît ici. Demandez à qui vous voulez qui
est Jack Ruby. Dès que vous pourrez, venez me
voir dans une de mes boîtes, la plus proche est
pas loin d'ici, et je vous offrirai à boire.

Quand il parlait des *boys* — des « garçons » —,
j'en voyais quelques-uns grimacer, manifester
réticence et distance. Les *boys* veulent bien se
reconnaître comme des *boys,* mais entre eux
— la confraternité journalistique n'a aucune
envie de se laisser ainsi étiqueter par un pareil
individu.

Il n'ajoutait pas, lorsqu'il proposait qu'on lui
rende visite, ce que l'on apprit plus tard : il avait

fermé sa boîte, en signe de deuil, puisque « son Président » avait été assassiné. Il s'était ensuite approché de moi :

— D'où venez-vous ?

— De Paris, en France.

Ça l'avait illuminé :

— Ah ! La France !

Pour lui, ce ne pouvait être que le pays du sexe, de la frivolité et des femmes faciles. J'avais déjà connu ça, pendant mes années d'étudiant, dans le Sud. À peine m'identifiais-je que j'entendais l'exclamation : « Français ? Ah oui, le cul, les femmes... »

Il avait alors décoché un sourire qui se voulait celui d'un initié averti des choses du monde, roulant ses yeux et balançant sa grosse tête à droite et à gauche. Il avait lancé, avec de la salacité et du graveleux dans la voix, en se contorsionnant comme pour effectuer le début d'un pas de « french cancan » :

— Oh là là, Folies Bergère !

Il avait répété sa formule dont il semblait si fier, il la roulait dans sa bouche comme une gourmandise dont on n'a pas envie qu'elle fonde. C'était sans doute le seul mot de français qu'il connaissait — la seule référence à mon pays. Il s'était identifié à nouveau — avec cette insistance à ce que son patronyme, sa personne, son *character* (il disait de lui-même, « je suis un caractère pittoresque ») s'inscrivent bien dans ma mémoire. Il m'avait tendu une carte de visite qui ressemblait plutôt à un tract de publicité. À elle seule, elle racontait le petit monde poissard de Jack Ruby : il y avait le nom et l'adresse (1312 ½ Commerce — la même rue que celle du commissariat) d'une de ses deux boîtes de nuit, dont j'appris qu'il n'en était pas seulement l'animateur mais aussi le propriétaire : *The Carousel*. Le minable carton était traversé de petites rayures verticales de couleur rosâtre, avec, sur le côté droit, la silhouette d'une stripteaseuse (ou était-ce une *gogo dancer*?), vue de trois quarts dos, le cul nu, avec d'abondants cheveux noirs, un sein à l'air, en bas et gants noirs. Le dessin d'un verre de champagne, plus gros que la silhouette de la fille, était surmonté des mots : « *Continuous shows !* » et « *Glamorous* » et puis, trois fois, le mot « *Girls* » avec des points d'exclamation qui sortaient de la coupe en guise de bulles de champagne. On pouvait lire sous l'adresse : « Votre hôte... Jack Ruby. » Du plus mauvais goût.

Absence absolue de « classe », cette « classe » qu'il attribuait aux Kennedy et dont il aurait tant voulu être, aussi, le porteur. Ruby, comme beaucoup d'autres, était fasciné par l'élégance, la sveltesse, la distinction, l'éclat lumineux des « hommes Kennedy ». Leur costume, leur allure, tout ce qu'il ne parviendrait jamais à égaler. Mais ce n'était pas de la jalousie, ou de l'envie de sa part. Plutôt la béate admiration du « groupie » à l'égard d'une star du show-biz, ou du cinéma, des *glamorous people* — ce « glamour » qui manquait cruellement à cette carte, symbole de toute la vulgarité du personnage.

Il procédait de la même façon avec d'autres reporters, tendant son petit carton à qui voulait le prendre, les incitant à venir boire un verre. J'appris qu'il avait été présent toute la soirée de la veille, faisant même parfois croire qu'il travaillait pour la presse, distribuant des sand-wichs, intervenant pour corriger le procureur Wade sur une erreur à propos du comité pour libérer Cuba, dont Oswald avait été le militant à New Orleans. Une autre fois, on l'avait vu, calepin de reporter à la main, un stylo-feutre au bout des doigts, pour jouer au journaliste. Drôle de présence. Drôle d'intervention. Comment Ruby connaissait-il, déjà, le nom exact du *Fair Play For Cuba Committee* d'Oswald ? Il venait de l'entendre à la radio, dirent certains. Il savait tout d'Oswald, dirent d'autres.

Nous l'écoutions sans trop vouloir l'entendre. Car il était envahissant, embarrassant, il col-lait au *press corps*. Pelou — il le racontera plus tard — l'avait aussi vu évoluer la veille au milieu d'autres confrères et jouer les *gofer*, les types qui vont chercher à boire, qui donnent un coup de main, se rendent indispensables. Un reporter de la télévision locale avait essayé de l'éloigner d'un des camions de télévision, alors qu'il passait sa tête par la vitre arrière du véhicule. Tout cela sentait le désordre et l'inacceptable. Mais il semblait que ce tenancier de cinquante-deux ans, né Jacob Leon Rubenstein à Chicago (il fit transformer Jacob en Jack), ne rencontrait aucune difficulté pour se déplacer dans l'immeuble, tourner autour de nous, pointer son nez sur les vitres des portes des détectives. En fait, il était ce que j'appellerai un *cop fucker* comme il y a des *star fuckers*. Ces parasites qui grouillent autour d'une autorité quelle qu'elle soit. On me raconta qu'il avait, toujours la veille, tenté d'ouvrir la porte du bureau du procureur. Wade l'avait éconduit, mais, peu de temps après, Wade était sorti pour répondre à quelques questions, Ruby lui avait tendu la main :

— Vous ne me connaissez pas. Je suis Jack Ruby, le *Vegas Club* (la deuxième boîte de nuit qu'il possédait en ville).

Wade :

— Mais qu'est-ce que vous faites là ?

— Je connais tout le monde ici.

Ça n'avait pas beaucoup troublé Wade.

Je dois être sincère : je n'ai rien vu ni deviné chez cet homme qui puisse annoncer son geste du lendemain matin. Je ne lui ai pas accordé plus d'importance qu'il semblait le mériter. Néanmoins, je trouvais insolite, anormal, voire extravagant, que ce personnage douteux puisse se balader de la sorte en toute liberté dans l'univers

106

clos du quartier général de la police de Dallas. Certes, le « bordel », la confusion, l'apparente désorganisation qui régnait en permanence dans l'immeuble, rendait les évolutions de ce bonhomme explicables, ou, en tous les cas, tolérables. La police de Dallas tolérait le glauque et visqueux Jack Ruby, parce que tout était glauque, là-bas. En vérité, les flics de Dallas le connaissaient presque tous, même si, une fois qu'il eut commis son geste, le lendemain, ils protestèrent tous en chœur : « Ruby ? Connais pas ! » Après l'assassinat de JFK, il avait passé plus d'une heure à discuter le bout de gras avec un flic de la patrouille auto. Il n'avait pas cessé de dégueuler sur Oswald : « Quelqu'un devrait flinguer cette ordure. » Au DPH, il était comme chez lui — on eût dit qu'il appartenait à ces locaux de la police, ces structures sans éclat, ces peintures sinistres. Je conserve un souvenir embrouillé de cette médiocre conjugaison de couleurs : un univers dominé par le marron brûlé des parois d'ascenseur, le vert moutarde des murs de certains bureaux, et puis du gris et du noir dans les sous-sols.

Il y avait quelque chose de déplaisant chez Ruby, mais, avec le recul de la mémoire, je me souviens avoir seulement pensé :

— Drôle de mec.

Impression corroborée par ceux, venus d'ailleurs, qui le croisèrent. En réalité, les techniciens locaux de la télé WBAP savaient très bien qui il était, depuis longtemps. Il traînait partout, dans les salles de rédaction des journaux de Dallas, chez les flics. Il adorait ça. Ils l'avaient appelé « *the creep* ». Ça peut vouloir dire : le sale type — mais l'expression peut prêter à d'autres significations. Le verbe *to creep* peut se traduire par « ramper, se faufiler, avancer en silence ». Lorsque, à l'époque (cette expression est moins fréquente aujourd'hui), on disait : « *it gives me the creeps* », cela signifiait : « ça me donne la chair de poule ». Ruby ne m'avait aucunement fait frissonner. J'avais pourtant noté son nom sur mon carnet. Et ajouté : « Qu'est-ce qu'il fout là ? » Je crois bien, aussi, lorsqu'il nous tournait le dos pour interpeller d'autres journalistes, avoir deviné une petite bosse, dans le dos à hauteur de la ceinture, sous la veste. Mais je ne peux l'affirmer. Seule restait mon interrogation :

— Qu'est-ce qu'il fout là ?

Le 17 février 1964, trois mois après Dallas, dans un local quasi anonyme, situé rue du Faubourg-Saint-Honoré, à Paris, j'ai répondu, à leur demande, à deux agents du FBI qui enquêtaient pour le compte de la commission Warren. Le bureau parisien avait sans doute relevé mon portrait de Ruby dans *France-Soir*. Ils voulaient tout savoir — l'heure à laquelle j'avais rencontré celui qui tuerait Oswald le lendemain, ses paroles, son comportement. J'avais été fort intéressé par leur méticuleuse curiosité, leur méthode de répétitivité dans le questionnement — une minuscule illustration de ce que fut, tout de même, le travail de la commission Warren dont la version et les conclusions ont été quasi unanimement critiquées et démolies par les conspirationnistes. Et que la famille Kennedy elle-même (Bobby et Jackie en tête), sans jamais la répudier de façon officielle, dénigra en privé.

Mention de ma déposition fut faite dans le volume XXV de la commission Warren. J'en ai été, longtemps, bêtement fier : « Je suis cité dans le rapport Warren », me plaisais-je à dire à mes proches. Infantile ! — mais cette mention me permit, pendant mes enquêtes ultérieures, de rencontrer quelques personnages singuliers, une universitaire, Sylvia Meagher, et un courageux petit Texan, Penn Jones Jr., dont je reparlerai plus loin.

12

Ça s'est passé de façon fulgurante — quelques secondes à peine —, à peu près l'infime portion de temps qu'il avait fallu, deux jours plus tôt, à Oswald pour tirer sur Kennedy.

Ça a été rapide, un éclair, un flash, un mouvement exécuté par cet homme d'apparence trapue mais qui possédait, sans doute, une étincelle de grande violence spontanée en lui — à Chicago on l'avait surnommé « *Sparky* », celui qui envoie des étincelles, le bagarreur, le cogneur.

Jack Ruby, dont on apprendrait qu'il prenait de la Preludine, un *upper*, un produit qui vous excite, vous sort de votre propre nature. Ou, à tout le moins, l'exacerbe. Jack Ruby, le fedora vissé sur sa grosse tête, en quelques secondes, effectuant un geste d'une précision parfaite, tue Oswald d'une balle de revolver dans l'abdomen, en plein garage de la police, le dimanche matin, 24 novembre, à 11 h 21, heure de Dallas.

Il faut savoir que, ce matin-là, Curry et Fritz n'avaient cessé de changer d'avis et d'horaires, et de s'engueuler. Car Oswald aurait dû être transféré à 9 heures. On avait même envisagé, pour ce transfert chez le shérif du comté (c'est la loi du Texas), de l'exfiltrer discrètement dans la nuit du samedi au dimanche, vers 4 heures du matin. Curry s'y était opposé : « Ah non ! on peut pas faire ça à la presse. Ils ne nous le pardonneraient pas. » Curry avait donc tout lâché à la presse, et en particulier à la télévision — et en particulier aux deux grandes chaînes nationales qui faisaient la loi à l'époque : NBC et ABC. Tétanisé par les exigences des deux médias, Curry avait accepté de faire en sorte qu'Oswald passe par le garage — un espace, au sous-sol, beaucoup plus vaste, ce qui allouerait plus de liberté, plus de place, pour installer les câbles et les caméras. Cela permettrait aux *boys* de prendre toutes les photos et même de filmer ce spectacle en direct. Bien filmer le *perp walk*. Et cet imbécile de Curry avait cédé.

Ça ne date pas d'hier, ce rituel, ce *perp walk*. Les Français, choqués, l'ont découvert à l'occasion du scandale DSK — Sofitel — Diallo — à New York en 2011. Ils ont regardé, effarés, la marche de cet homme qu'on avait cru, en France, susceptible de devenir le prochain président de la République, étroitement menotté, vigoureusement encadré par deux flics en civil, sortant d'un commissariat de Harlem, comme en sortent les criminels les plus redoutables.

Mais la tradition est plus ancienne que ce siècle, aux États-Unis. Avec leur manie de transformer les mots, les Américains ont abrégé : *perp*, ça fait plus court que *perpetrator*. Le mot désigne celui qui a perpétré, commis une faute, un crime, un péché. Le *perp walk* est le chemin de croix des coupables ou présumés tels. Déambulation parfois avilissante, humiliante, qui relève du respect de la liberté d'informer, mais aussi d'un penchant atavique, historique, pour le spectacle. La culture américaine dans sa double identité : puritanisme et exhibitionnisme.

Lorsque le FBI arrêta le plus célèbre et le plus néfaste des gangsters de l'époque, l'inventeur du crime organisé, Al Capone, à Chicago en 1931, la photo de ce gros-petit homme (c'est curieux comme Ruby lui ressemblait, en volume corporel et habillement, non pas pour le visage), encadré par les agents du Bureau fédéral, fut publiée ad nauseam. Il s'agissait alors de montrer aux bonnes gens que le crime ne paie pas. Une leçon et un exemple donnés à l'Amérique, lourde des années de la Prohibition, des terribles années 20, puis 30 : « Même le plus grand des gangsters ne peut échapper à la Justice, à l'Ordre et à la Loi. »

Il était hors de question qu'Oswald soit transféré de façon anonyme, clandestine, discrète, et donc mieux sécurisée. On nous l'avait exhibé pendant deux jours dans les couloirs. Au fond, ces quarante-huit heures n'avaient été qu'un *perp walk* sans cesse renouvelé. Cette exhibition, et l'accès libre d'une presse libre à un événement capital, se devait ainsi de continuer. Curry, bien plus que Fritz, ne fut jamais coupable que de son souci apeuré d'accommoder la presse, et d'en tirer sans doute un peu de profit ou quelque gloriole. Il fut responsable de toutes les modifications de dernière minute, atermoiements, ordres et contrordres. Fritz et lui s'étaient querellés à propos du choix du camion blindé qui devait servir de leurre. Fritz n'est pas d'accord avec Curry, ni lui avec Fritz. Malgré tout, on s'agite, on s'organise, et l'on va finir par descendre vers le garage, vers l'inattendu, l'événement brutal.

Cela devait donc se faire à 9 heures du matin mais il y avait eu toutes sortes de délais — interrompus par une séance d'interrogation finale dans la pièce 317 — et puis, encore un imprévu, cet aller et retour pour permettre à Oswald de changer de vêtement. Il fait connaître, quelques minutes avant d'entamer la sortie vers l'ascenseur qui va le mener au sous-sol, qu'il souhaite porter un nouveau sweater. Fritz lui en propose deux, un beige et un noir, Oswald finit par choisir le noir (troué aux épaules), sa couleur favorite, celle qu'il arbore sur la célèbre photo où il brandit son fusil dans l'arrière-jardin de sa maison, photo prise par son épouse, Marina (non truquée, comme on a pu longtemps le croire : un groupe de vingt-deux experts en photos et images a tout vérifié au moyen d'instruments de haute précision, de longues années plus tard pour le compte du HSCA). Si l'on n'avait pas perdu autant de temps pour cette histoire de sweater, jamais Ruby ne serait arrivé au même moment, à point nommé, à l'heure pour le flinguer.

Dehors, une centaine de badauds. Tôt dans la matinée, des coups de fil anonymes sont passés au Central de la police menaçant de faire tuer ou de tuer Oswald. Climat de violence retenue, curiosité que l'on sent dans l'air. Tout le monde sait que l'on va transférer Oswald. On veut voir ne fût-ce que le véhicule qui le transportera jusqu'à la prison du comté entre les mains du shérif. Tout est en place malgré les modifications multiples. Quarante à cinquante reporters et soixante à soixante-dix flics sont présents dans le grand garage. C'est un endroit sale et étendu, aux murs de briques sombres, et aux piliers tachés d'huile ou noircis par des années d'échappées de gaz carbonique venues des voitures, camions, et autres motos utilisant ce sous-sol depuis qu'il existe. Tout est prêt : journalistes d'un côté, flics de l'autre. Le capitaine OA Jones a demandé à tous les détectives disponibles dans l'immeuble de venir former une haie de protection de chaque côté des murs de briques et du passage par lequel Oswald va surgir.

11 h 18. Une grande asperge au long nez et au long visage, le détective Jim Leavelle, qui a été choisi pour escorter Oswald, vient de lui dire dans la cabine de l'ascenseur :

— Si quelqu'un te tire dessus, j'espère qu'il tirera aussi bien que toi.

Oswald esquisse un mince sourire :

— Personne ne va me tirer dessus.

11 h 19. Leavelle avance, tenant Oswald, menotté, par le bras, côté droit. Le détective Graves habillé en sombre, chapeau noir, fait la paire avec Leavelle, serrant le bras d'Oswald, même position mais côté gauche. Qu'est-ce qui se passe dans la tête de Leavelle et de Graves ? Ils ont vu les caméras, ils ont vu les appareils de photo, les micros aux poings des commentateurs, ils marchent à la parade, c'est peut-être la plus belle heure de leur existence de flics anonymes. « Maman, maman, regarde, y a papa qui passe à la télé ! » Éprouvent-ils quelque fierté — après tout, ils forment la garde de l'homme le plus important de l'enquête, celui qui aurait « *shot the President* » — ou bien sont-ils tétanisés par cette tâche, pétris de trouille et d'appréhension dans leur marche plutôt lente ? Leavelle et Graves, le grand et le petit, le clown blanc et le clown sombre, dans cet instant de cirque qui va se transformer en un chapitre vivant d'un bouquin de la Série noire.

Le long des murs sont alignés près de trente-six

officiers en civil et un officier en uniforme avec une grosse casquette blanche. Tous connaissent Ruby. Ils l'ont tous vu pendant des années, il a aussi bien fréquenté leur immeuble qu'il les a reçus et arrosés, à l'œil, dans son *Carousel*. Allez savoir, d'ailleurs, s'il ne leur a pas servi d'indic — ou s'il ne leur a pas fourni des *girls* pour un petit coup pas cher. Néanmoins, aucun d'entre eux ne distingue sa présence. Il est vrai qu'il vient à peine de descendre, sans encombre, subrepticement, par la rampe d'accès qui va de Main Street au sous-sol. Un motard lui a tourné le dos quand il s'est faufilé (*to creep*!) entre deux véhicules. Il s'est installé, debout, derrière les reporters du premier rang. Fritz conduit la procession, un peu plus en avant, il a les yeux déjà fixés vers le camion blindé. Il ne surveille même pas le déroulement du *perp walk*, il ne fait qu'en être le premier figurant. Il a fait son métier. Il a *grilled* le suspect. C'est Curry qui est à la manœuvre — enfin, qui aurait dû y être. Les deux grandes chaînes de télévision du pays ont déjà amorcé la retransmission en direct et, à l'instant où Oswald est apparu, la puissante lumière des projecteurs a presque aveuglé une partie de l'escorte et de la grappe d'hommes entassés dans ce petit périmètre. On entend deux coups de klaxon.

11 h 21. Soudain, s'infiltrant à vitesse accélérée entre deux journalistes (Pelou dira qu'il avait senti Ruby le frôler), le bonhomme à chapeau mou a fendu le fragile rideau humain qui

le séparait d'Oswald, de Leavelle et de Graves. Il a plié le genou droit, ramassant son corps vêtu d'un costume marron foncé, presque noir — il pose son pied droit en avant pour équilibrer son corps. Il porte des chaussures noires sur lesquelles les projos de la télé ont envoyé un petit reflet. Son bras et sa main gauches sont un peu en retrait, il a le poing gauche serré, et ce geste accompagne celui de son autre avant-bras droit, au bout duquel est tendu un Colt Cobra calibre 38, petit format, dont on voit bien néanmoins le canon et le barillet. Un détective, Combest, dira :

— Il maniait ce pistolet aussi bien qu'un *quarterback* manie le ballon ovale. Avec autant de dextérité.

En fait, c'est son corps tout entier qu'il « maniait » comme un sportif. Harmonie, précision, célérité.

Ruby tire à bout portant sur la partie gauche du corps d'Oswald, bien centré, tout de même. Ça fait BAWOA ! Ça fait un éclair de lumière blanchâtre, une brillance si fugace. FLASH !

Oswald pousse un cri de bête blessée, de chien qu'on a éventré, très bref et très aigu. Il porte son bras gauche à hauteur de l'entrée de la balle. Les yeux sont fermés, la bouche grande ouverte. Leavelle, ce singulier escogriffe, ouvre des yeux stupides et écarquillés, incrédules, et a comme un recul de tout son buste, la partie haute de cette grande planche à repasser qui lui sert de corps. Sa poitrine se contracte. Il fronce les sourcils, pince ses lèvres courtes qui dessinent un visage stupéfait. Avec son immense costume blanchâtre, avec ce Stetson qui paraît encore plus énorme et dérisoire en cet instant tragique, avec cette cambrure en arrière, il dit :

— *Jack, you son of a bitch !*

Oswald s'écroule au sol. Il est inconscient, le visage gris pâle, la bouche encore béante comme celle d'une grenouille cherchant sa respiration, de l'oxygène, la tête est penchée sur le côté. Leavelle s'agenouille auprès de lui. Graves plaque Ruby, qui, d'ailleurs, ne se débat pas. Une nuée de flics qui longeaient le mur se ruent vers leur collègue et s'empilent les uns sur les autres comme dans une mêlée ouverte de rugby. Ils maintiennent Ruby et l'emmènent à vive allure vers le passage d'où était sorti Oswald. Les premiers mots de Ruby sont :

— Vous me connaissez tous, je m'appelle Jack Ruby.

11 h 22. Dans le garage, c'est la panique, les cris, l'affolement des quelque cent personnes, l'entrelacs des corps, la ruée vers les téléphones, l'éparpillement des hommes en uniforme, les voix perchées des deux reporters de télé en direct qui glapissent : « *Oswald has been shot.* » Des voix qui ont perdu, un instant, leur habituelle tonalité grave et mature.

Dehors, dans la rue, lorsque la foule des badauds apprend la nouvelle, les gens applaudissent. Pendant un moment, on aurait presque pu envisager que Ruby serait traité en héros et célébré comme les types des westerns qui décidaient, eux-mêmes, de rendre la justice. Ruby a été le premier à le croire et il s'attendait à ce qu'on le relâche, sous caution, au bout d'une ou deux heures. Mais en bas, au sous-sol, c'est le capharnaüm, le vacarme, le « pandémonium ». Ce mot — ce cliché — sera celui le plus souvent repris dans toutes les descriptions de ces incroyables minutes : « pandémonium ! » On va transporter Oswald dans le bureau le plus proche, en essayant de pratiquer une respiration artificielle. De l'avis unanime de tous les spécialistes, pomper la poitrine d'Oswald était peut-être la pire initiative à prendre, à cause du saignement intérieur provoqué par la blessure à l'abdomen. Encore une marque d'incompétence, d'amateurisme, d'impossibilité de faire face à l'inattendu. Oswald ne prononcera plus jamais un seul mot. Un détective se penche vers lui et répète à trois reprises :

— Voulez-vous dire quelque chose ?

Oswald est incapable de parler. Il est tout proche de la mort. Simultanément, on a jeté Ruby dans la même cellule qu'Oswald avait quittée quelques minutes auparavant. On l'emmènera ensuite chez Fritz pour un premier interrogatoire. Une ambulance — toute proche du garage, on l'avait installée là, « au cas où » — arrive au bout de trois minutes. Le brancard sur lequel gît Oswald est prestement glissé à l'arrière. Le véhicule démarre, montant la rampe de Commerce Street, opposée à celle de Main

Street, que Ruby avait descendue, en toute impunité, quelque temps auparavant. Toutes sirènes
hurlantes, feux d'alerte rouges et orange allumés.
À bord de l'ambulance, Leavelle, ahuri, se sou-
viendra toute sa vie du rush vers le Parkland
Hospital :

« Un interne s'occupait de lui. Je tenais son
poignet pour tenter de prendre son pouls, mais
il n'y avait rien du tout. Quand on est arrivés
dans la salle d'op (la *trauma room n° 2*), j'ai dit,
faut éjecter cette balle, il n'en a reçu qu'une.
Elle a jailli sur un bassinet comme le pépin de la
pulpe du raisin. J'ai donné mon petit couteau de
poche à une infirmière, et lui ai dit : "Inscrivez
votre initiale sur cette balle, comme ça on sera
bien sûrs que c'était la bonne, la vraie." J'ai
mis la balle dans un chiffon et nous l'avons
donnée, plus tard, au labo de la Criminelle pour
analyse. »

Leavelle, marqué pour toujours par son rôle
au centre de la scène, au centre de ce plan-
séquence, à vitesse presque accélérée, du premier meurtre en direct de l'histoire mondiale
de la télévision.

Deux jours et sept minutes après avoir prononcé la mort de John Fitzgerald Kennedy au
Parkland Hospital, la même équipe de chirurgiens prononçait celle de Lee Harvey Oswald.
Le docteur John Lattimer disait : « J'ai rarement

vu une balle faire autant de dégâts à elle toute seule. Cela a perforé sa poitrine, le diaphragme, l'estomac, l'artère intestinale principale, l'aorte, une veine centrale du corps qui a fait exploser le foie droit. Fatal. Définitivement fatal. »

Ça faisait le troisième mort par balles, à Dallas, Texas, en novembre 1963, en l'espace de quarante-huit heures. JFK, puis Tippit, puis Oswald.

13

Ce meurtre éclair de Ruby, j'ai tenté de le raconter de la façon la plus factuelle possible puisque je l'ai revu dix, quinze, trente fois — d'abord dans la foulée, grâce aux équipes de télévision locale et ensuite, au fil de mes enquêtes et de mes réflexions, sur les écrans de télévision, voire, plus tard, sur ordinateur. Mais je n'y ai pas assisté. C'est le plus beau ratage de ma vie de journaliste.

À l'heure où Oswald descendait en ascenseur vers les sous-sols, j'étais en train de dicter un long article à mon journal. Trompé par les divers changements d'horaire, j'avais cru pouvoir accomplir deux tâches : dicter pour ensuite rejoindre le building de la police pour le *perp walk*. Aussi bien, au moyen du téléphone posé sur le comptoir du rez-de-chaussée de mon hôtel — appareil que j'avais pratiquement mobilisé pour moi tout seul, et qui me permettait de ne pas remonter dans ma chambre d'hôtel, hôtel tout proche du commissariat —, je racontais

mes impressions et sensations, images et rencontres avec Oswald, la veille. J'avais calculé que
c'était le seul moment libre pour que je puisse
— décalage horaire oblige — donner à temps
ce papier pour les éditions du lendemain. Au
milieu d'une de mes phrases, mon interlocuteur, André Rabache, me dit avec brusquerie :

— Arrête, on vient de tirer sur Oswald.

Je n'écoute même pas la suite, laisse tomber
l'appareil, sors de l'hôtel et me rue vers le City
Hall, en courant à une allure folle, les poumons
qui se déchirent, et je crie :

— Merde, merde, merde !

Je crie ces mots et les passants me regardent,
ahuris. Je parviens à pénétrer dans l'immeuble
pour me précipiter au sous-sol, alors qu'une
rangée de flics en uniforme empêche toute
personne non professionnelle de s'en approcher — ai-je été reconnu ? (Ils disent « *facial
recognition* ».) Peut-être par l'un des motards.
J'ai agité ma carte, j'ai hurlé : « *Press !* », et, par
chance, ils m'ont autorisé à réintégrer le local.
En bas, il régnait encore ce fameux « pandémonium » dont j'ai parlé plus tôt. Je rejoins ensuite
les journalistes dans les étages. Il y a un type
d'United Press, trois photographes, quelques
« locaux », un *radio man* de New York, un autre
de Chicago. Je recueille leur version du geste de
11 h 21. Toutes les impressions et la description
qu'en fait Pelou, en particulier, car lui était sur
place. Les reporters télé reconstituent ce qu'ils
viennent de vivre. Il y a aussi Frank Johnston, un

des trois photographes qui prirent une photo du meurtre. Beers, Jackson et lui sont les auteurs pratiquement du même cliché, le plus publié dans le monde. On monte au troisième étage où Ruby est interrogé. Ce qui épate et stupéfie de façon unanime, c'est l'extraordinaire rapidité avec laquelle le gros bonhomme a effectué son geste — un geste de professionnel. Le mot magique va immédiatement surgir : « Mafia », « *Mob* » — (terme américain qui définit le monde souterrain du crime organisé). L'idée même de cet assassinat fait naître, dans la seconde, les premières hypothèses qu'il y a un complot.

Là-haut, dans les bureaux de Fritz et de ses hommes, Ruby est volubile. Dans un premier temps, il se prend pour un héros. On lui demande :

— Pourquoi tu as fait ça ?

Les versions diffèrent sur les mots qu'il a prononcés au moment où il a tué Oswald. L'une est :

— Tu as tué mon Président, espèce de rat !

L'autre :

— Prends ça, fils de pute — *son of a bitch.*

« *Son of a bitch.* » Ce terme vulgaire mais si fréquent qu'il n'est même plus jugé grossier — plutôt familier, utilisé pour un oui ou pour un non —, je l'avais entendu six mois auparavant lorsque, au cours d'une enquête sur le premier anniversaire de la mort de Marilyn Monroe à Hollywood, j'étais entré en contact avec quelques hommes douteux, dont l'un, venu du Sud-Ouest, m'avait dit cette phrase que j'entendrais, à nouveau, quelque temps plus tard, au cours d'un autre voyage dans les mêmes régions, au cours de l'automne :

— *Somebody, someday, has to shoot that son of a bitch.* — Quelqu'un, un jour, devrait tuer ce fils de pute.

Le type parlait, évidemment, de JF Kennedy.

Ce « *son of a bitch* », Jack Ruby l'avait prononcé de nombreuses fois avant d'exécuter Oswald. À la seconde où Kennedy fut déclaré mort, et Oswald coupable, de nombreux témoins (parents, amis, collaborateurs de sa boîte de nuit, danseuses, George Senator qui partageait un appartement avec lui, et sa propre sœur, Eva) ont toujours témoigné que Ruby, parlant d'Oswald, le traitait de fouine, punaise, belette, putois, taupe, rat, et « *son of a bitch* ». De la même manière, cette expression a jailli des lèvres de Leavelle lorsqu'il a reconnu Ruby au moment où celui-ci tirait avec son Colt Cobra. Il y avait du « *son of a bitch* » dans l'air, prononcé en un seul trait (« *sonofabitch* ») — et ce terme résume, à lui seul, l'atmosphère brutale et crasseuse de ces quarante-huit heures.

Jack continue ses déclarations. Il dit :

— Si j'avais planifié tout cela, je n'aurais pas pu le faire mieux, je n'aurais pas pu avoir un meilleur timing. C'était une chance sur un million.

Il prétend qu'il aurait voulu tirer au moins trois coups, mais n'a pu en tirer qu'un avant d'être mis au sol et plaqué comme au rugby. De nombreux détectives lui demandent pourquoi il a fait ça. Fritz en tête. Il parle beaucoup. Un témoin, un détective, pense que l'effet de l'*upper* qu'il avait pris plus tôt peut expliquer cette verve intarissable. Il se justifie : il ne voulait pas que « Madame Kennedy » revienne à Dallas pour un procès et subisse une telle épreuve à cause de ce « *sonofabitch* ». À un agent du *Secret Service*, un des premiers à l'interroger, Ruby déclare :

— J'ai voulu montrer au monde que les juifs ont des couilles.

Un autre témoignage vient de l'assistant du *District Attorney*, Bill Alexander :

— Je lui dis : « Mais putain de Dieu, Jack, pourquoi t'as fait ça ? » Il a répondu : « Écoutez, les gars, vous ne pouviez pas le faire, alors quelqu'un devait le faire. Ce fils de pute a tué mon Président. »

Mon ratage, ma frustration, l'énergie de revanche sur moi-même ont fait qu'en quelques heures je vais me multiplier — interroger les témoins dans le garage et les étages, glaner détails et informations auprès des cameramen de la télé, et ensuite me coller (un peu à la Ruby) aux basques des détectives et des flics qui nous en livreront plus sur l'homme qui nous avait distribué son carton d'invitation, la veille, et qu'aucun d'entre nous n'aurait pu imaginer comme un futur tueur, agile, efficace.

Que peut-on apprendre de Ruby, que peut-on comprendre, au travers de tous les recoupements, toutes les anecdotes le concernant (fruit de nos enquêtes ultérieures — et des innombrables pages du rapport Warren) ?

Je pense qu'il appartenait à cette catégorie de gens qui aiment les flics, qui aiment se mêler à l'action, qui aiment parler, qui aiment croire jouer un rôle et occuper le centre de la scène. Ils se veulent autres que ce qu'ils sont. Les chercheurs permanents de la reconnaissance. Tony Zoppi, un chroniqueur, spécialiste du spectacle, qui a bien connu Ruby, dira, comme le rapporte un ancien avocat, devenu écrivain-journaliste, Gerald Posner :

— Ça serait le pire gars au monde pour faire partie d'une conspiration, parce qu'il n'arrêtait pas de parler. Il n'aurait jamais pu garder ce secret, il n'aurait jamais pu se taire.

D'autre part, lorsque, heure après heure, jour après jour, nous avons chronométré et revu les itinéraires, les déplacements et les actions de Jack Ruby, lorsque nous avons interrogé le personnel du *Carousel*, son colocataire, les dizaines de Dallassites qui le connaissaient bien, nous avons conclu — provisoirement, certes — que son comportement était celui d'un homme que l'événement avait mis dans un état de fébrilité quasi obsessionnelle. Il en avait fait sa chose. Mais pas tout de suite, cependant, car il est curieux de noter qu'il se trouvait dans les bureaux du *Dallas Morning News* lorsqu'on annonça qu'on venait de tirer sur Kennedy et qu'il ne manifesta, dans l'instant, aucune réaction particulièrement émue, ni bouleversée. C'est un peu plus tard qu'il a commencé à s'agiter, à pleurer dans les bras de sa sœur, à clamer partout qu'il fallait se débarrasser de ce petit salaud, et qu'il fallait venger Caroline et Jackie. On a cru le voir, de façon étonnante, un peu partout à Dallas, à chaque moment de ces quarante-huit heures — comme s'il était doué d'ubiquité. Un témoin a affirmé l'avoir vu devant (ou même dans) le Parkland Hospital pendant que les chirurgiens tentaient de sauver Kennedy. Il aurait pu y être. Il aurait pu ne pas y être.

Pendant les heures et les jours qui vont suivre, il faut que je nourrisse le plus possible le journal avec ce qui s'est passé, tout ce que j'ai pu comprendre, même si je n'ai pas pu assister à cet événement — ce qui sera pour moi une morsure, un regret. Je ne m'en suis jamais beaucoup vanté. Avec le recul du temps, de l'âge et de nombreuses autres expériences, c'est devenu un sujet d'autodérision. Disons que je me suis vu comme Fabrice Del Dongo qui rate la bataille dans *La Chartreuse de Parme*. Mais, sur place, au bout de quelques jours, j'avais fini par en rire :

« Tu étais donc à Dallas, tu étais donc au cœur des choses, et tu as raté l'un des moments les plus dramatiques. Pelou était là, lui, comme une quarantaine d'autres. Tu t'es fait avoir. D'autant qu'il y avait des téléphones dans l'immeuble de la police, et que tu pouvais dicter de là-bas. »

Je me traitais de connard, de minable, de misérable débutant, d'étourdi. J'avais reçu une leçon cinglante, que je prétendais pourtant déjà connaître et avoir souvent respectée : « Il faut jamais quitter le terrain, jamais ! » Il valait mieux encaisser le coup, effacer et continuer. Personne ne m'en a voulu au journal, à Paris. Ils ont fait preuve d'une grande mansuétude :

— Tu fais du bon boulot. Y a ton nom et ta tronche à la une. Continue. On t'envoie du monde.

Nous avons tous revu les photos, les images, les films à la télévision. Dans le camion-régie de WATV, on faisait défiler la scène en avant, en arrière. J'étais estomaqué par la parfaite gestuelle de Ruby. Sa manière de faire procédait soit de l'expérience d'un homme qui avait déjà pratiqué ce genre de choses, et qui, par conséquent, aurait pu figurer comme un des « soldats » de la mafia. Soit, et c'est une version qui m'a souvent séduit, Ruby a agi comme on dit, dans le langage américain, « *on the spur of the moment* ». Un *spur*, c'est un éperon. Quelque chose qui vous aiguillonne, qui vous pique, qui vous fait réagir dans l'instant. Il avait nourri dans sa tête le principe et l'idée qu'il ne fallait pas laisser Oswald vivant et qu'il fallait venger « son » Président. Toutes sortes d'indications objectives, lorsqu'on refait, encore une fois, l'itinéraire et l'agenda des quarante-huit heures précédant son geste dans le garage, soulignent que Ruby était en proie à une grande agitation, incapable de dormir, allant et venant du commissariat à ses bureaux, des salles de rédaction à la police, pleurant, chouinant, râlant, ou bien faisant l'avantageux, s'adressant à tout le monde, téléphonant, décidant de fermer ses boîtes de nuit, mais s'occupant néanmoins d'envoyer de l'argent à une de ses danseuses — c'est le décisif épisode du dimanche matin, son passage au poste de la Western Union, à quelques *blocks* seulement du garage de la police, et dont on sait que s'il y avait eu une file d'attente un peu plus longue devant le guichet avant qu'il envoie son mandat, il ne serait jamais arrivé à l'heure pour flinguer Oswald, déjà parti ! On appelle ça, tout bêtement, un invraisemblable concours de circonstances. Ruby avait côtoyé Oswald pendant quarante-huit heures au commissariat. Il portait toujours, fiché dans son dos, entre la ceinture du pantalon et la chemise, au-dessus de son gros cul, le petit Colt Cobra. Il aurait pu flinguer Oswald plusieurs fois. Il ne l'a pas fait. Qui peut dire pourquoi ? Si, en outre, il n'avait pas effectué un demi-tour sur la ligne blanche (interdit) et garé sa voiture le long du trottoir de Main Street, il n'aurait jamais pu arriver à la seconde précise où Oswald apparaissait dans le passage. C'est aveuglant de vérité, mais personne n'a voulu l'accepter. On s'est tous rués, et je n'y ai pas échappé, sur le mot « Mafia », la « *Mob* », et on a tous prononcé l'expression « en service commandé ». C'était faire peu de cas d'une autre de ses déclarations, pas suffisamment relevée par les conspirationnistes :

— Si j'avais planifié cela, je n'aurais même pas pu le réussir. C'était une chance sur un million.

Il y a, chez ce genre d'hommes, une dose non quantifiable d'irrationnel, une folie rentrée, conjuguée avec une soif éperdue de reconnaissance et de gloriole. Plus on en apprenait sur lui, plus le profil d'une « tête de lard » imprévisible et violente se dessinait. Il était animé par le fol appétit d'« être quelqu'un ». Or il n'était rien qu'un « zéro, un loser », selon Tony Zoppi, cité par Gerald Posner. Les témoignages se multiplièrent. Il avait cogné un de ses musiciens au moyen d'un « coup de poing américain » — *brass knuckles*. Il avait filé un coup de matraque sur la tête d'un autre. Ce type était malsain, témoignerait une de ses danseuses. Comportement erratique, grossier, parfois obscène. On lui attribuait des accointances avec le vrai « parrain » de la ville, mais interrogé, trente ans plus tard, par Posner[1], Bill Alexander, un

1. *Case Closed*, Random House, 1993.

procureur de Dallas, a toujours été catégorique :
« Il n'était pas mafieux. C'était un petit gangster.
Les vrais criminels de Dallas, on les connaissait.
Il n'appartenait pas au crime organisé. C'est
du *bullshit* tout ça, de la merde écrite par des
gens qui ignorent la vérité des faits. » Alors,
encore un « loser » pathétique ? Malade, légè-
rement psychopathe ? Névrosé narcissique, sans
aucun doute. N'oublions pas que Ruby entretint la brève illusion qu'il serait célébré comme
un héros, et qu'il eut le culot de dire aux flics,
autour de Fritz :

— Je peux sortir quand ?

Il se voyait exonéré de tout péché, et consacré
comme le Vengeur, le Justicier du Far West.
Zorro à Dallas, Hopalong Cassidy sur son beau
cheval blanc. Tout cela est irrationnel, mais
l'idée que je me suis faite depuis longtemps à
propos de toute cette affaire, et ce que j'ai pu
en recueillir, c'est que l'irrationnel domine souvent nos vies et que la fameuse « chance sur un
million » existe. Elle a autant existé pour Ruby
que, peut-être, pour Oswald. Néanmoins, et
dès le lendemain, avec l'arrivée des renforts du
journal, nous avons tous, rapidement, évolué
vers le thème et la théorie de la conspiration.
Personne, pas même la presse européenne, qui,
désormais, débarquait par brigades entières
dans la ville aux trois crimes en quarante-
huit heures, ne voulait envisager autre chose
qu'un complot dont Ruby aurait été l'un des
bras armés. Personne ne pouvait croire à un

deuxième tireur « isolé » — deux « irrationnels » à deux jours d'intervalle ? Impossible. Personne ne l'acceptait — depuis cinquante ans, c'est un des éléments clés de l'affaire. Si Ruby n'agit pas sous l'effet de ses propres pulsions, c'est que, alors, il est au service de la force obscure qui aurait tout concocté. Il tue Oswald afin que celui-ci ne parle pas de ce *plot*, et ne révèle pas son véritable rôle. Logique, tout ça, rationnel. Oui, mais... que faites-vous de l'irrationnel ? Et que faites-vous de l'absence de preuves ?

14

Obscénité de Ruby. Noblesse de Jackie.

Le contraste était tellement virulent, cinglant, que j'avais un peu de mal à le vivre. J'étais là, avec d'autres, à m'agiter dans les couloirs du commissariat de police, dans les odeurs de cigare et d'essence, pour obtenir les informations les plus diverses sur le meurtre d'un assassin présumé par un individu louche, sorti des mauvais polars de série B, dans une atmosphère suffocante, et je savais, par la radio et la télé, qu'à la *trauma room nº 2* du Parkland Hospital on était en train d'essayer de sauver Oswald, en vain. Nous tentions de mieux percevoir qui était Ruby, nous apprenions ce qu'il avait dit ou ce qu'on lui prêtait — on lui a sans doute prêté plus qu'il n'avait dit. Et parallèlement, simultanément, se déroulait à Washington le début des deux jours du grand deuil national, organisés de façon minutieuse grâce au labeur d'historiens convoqués par la famille Kennedy, étonnants dans leurs impeccables séquences et émouvants dans l'expression d'affliction, de désolation, qui passait sur les centaines de milliers de visages des gens venus rendre hommage à JFK — avec le cercueil du Président à la rotonde du Capitole. Au moment où les hymnes de la Navy sont interprétés par un orchestre, Oswald meurt au Parkland Hospital. Singulière synchronie. Quasi-conjonction de deux dramaturgies.

Il m'était possible de saisir, en partie, ce que les Américains étaient en train de vivre, grâce à la télévision, que j'allumais de temps à autre, puisqu'il me fallait travailler. D'un côté, sur un poste situé dans l'*assembly room* de la police, je voyais la majesté de l'événement de Washington. Sur un autre poste, une télé locale avait l'astuce de revenir sur les quelques minutes de la « mort en direct » en affichant, en outre, le visage, plein écran, de Jack Ruby. Cette juxtaposition des beaux masques endeuillés et recueillis du clan Kennedy et de tout l'establishment politique américain avec le *mug shot* (photo anthropométrique d'identité judiciaire de la police) du bonhomme au chapeau mou, c'était comme un juron au milieu d'une messe, un furoncle purulent sur la face d'un ange, de la bouse de vache qui s'écrase sur un champ de fleurs immaculées.

En vérité, j'assistais à deux spectacles. Deux Amériques.

L'Amérique représentée par Jackie, veuve exemplaire, que tout un peuple avait déjà adorée et imitée (elle contribua à moderniser la femme américaine), et qu'il continuait de regarder, sans réserve aucune, admirant sa dignité, sa posture. Chacun de ses gestes et chacune des décisions qu'elle prit pour ces journées d'hommage à son mari ont écrit le début de la légende. Une Amérique composée, organisée, respectueuse des protocoles et de son passé, se nourrissant de son héritage pour donner aux funérailles du héros foudroyé la dimension de l'Histoire. Et puis l'autre Amérique, celle symbolisée par un patron de night-clubs qui s'était soi-disant transformé en vengeur-justicier — type au profil équivoque, lequel, d'une balle tirée vite et bien, avait fait basculer toute l'affaire en une quasi-certitude de complot. Tout cela dans des lieux platement ordinaires mais, dès lors, hantés par le cri aigu d'un jeune homme et par le « pandé-monium » provoqué par un coup de feu — ce jeune homme en sweater noir qui part vers son tombeau en emportant ses secrets. Une ville en proie au désarroi, à la stupeur, aux remords et aux regrets, des flics anéantis par leur échec — alors qu'ils étaient si fiers de leur réussite, ils avaient si rapidement alpagué, puis identifié, puis accusé l'assassin présumé ! Et, dorénavant, enfermés dans leur déni et leur orgueil.

La pompe et la solennité, la grandeur d'éta-blissement à Washington. La confusion et les soupçons, la triste réalité d'un immense fiasco à Dallas.

15

Lundi 25 novembre. On enterre tout le temps, partout, dans le monde. Et il n'y a pas d'heure pour cela. Aux États-Unis, ce jour-là, parmi les milliers de cérémonies funèbres, on en a compté trois qui, en des lieux différents, étaient reliées par la même tragédie d'origine. C'est l'agence AP qui eut l'intelligence de répertorier ce triple phénomène.

Trois enterrements : celui, d'abord, du policier JD Tippit (abattu par Oswald), au Laurel Land Memorial Park de Dallas, dans la section réservée à ceux (policiers ou pompiers) qui sont morts « *in the line of duty* » — dans la ligne du devoir, au service de leur ville. Un millier de gens à l'extérieur de l'église baptiste de Beckley Hills. Quatre cents à l'intérieur. La veuve avait reçu des messages de condoléances de la part du nouveau président, LB Johnson, et du frère du Président assassiné, Bobby Kennedy. Le cercueil de Tippit était couleur gris argent.

À 30 miles de là, à Fort Worth, dans une section isolée du cimetière de Rose Hill, on enterra Oswald. Les services secrets avaient craint que ne se produise encore un événement qui pollue un peu plus toute l'affaire. On avait donc observé beaucoup de discrétion sur cette cérémonie, mais il y avait eu des fuites, la presse avait été mise au courant et il fut difficile de tenir les curieux à l'écart. Ceux qui ont assisté à cet enterrement ont raconté : la veuve, Marina, son bébé de vingt-deux mois dans les bras, digne et en pleurs. À ses côtés, la mère, Marguerite, et le frère aîné. Le cercueil de bois était recouvert de taupe — les Américains appellent ça de la « *mole skin* ».

Un confrère, ce matin-là, eut (sans qu'il le sache) la même formule qui avait été prononcée par Dorothy Parker, devant le corps de Francis Scott Fitzgerald, dans une chambre funéraire de Los Angeles, en 1940 : « *The poor son of a bitch.* » Mais Fitzgerald n'était que génie — tandis qu'Oswald n'était que misère.

Enfin, à Washington, dans le concert des tambours assourdis, des cloches des églises, des cornemuses, des sabots de chevaux claquant sur les pavés de la ville, on enterra John Fitzgerald Kennedy, sous les yeux de sa famille, de chefs d'État du monde entier, de toutes ses équipes appesanties par le chagrin, et de la nouvelle équipe de LB Johnson, qui, avec son épouse, présentait le visage d'un homme sur l'épaule duquel est tombée la foudre. Des centaines de milliers de spectateurs. Les funérailles les plus parfaites, superbes dans leur ordonnancement, comme on n'en avait jamais connu pour un président depuis qu'Abraham Lincoln avait été assassiné, un siècle auparavant.

Le cercueil d'acajou est recouvert du drapeau étoilé. On le replie de façon traditionnelle, plusieurs fois, pour le remettre ensuite à la veuve. C'est la scène finale, devant la tombe du Cimetière national d'Arlington. Il y a des monceaux de fleurs blanches, elles entourent une flamme que la famille a voulue éternelle. Des canons sonnent. Des jets strient le ciel. Il est 15 h 34 dans l'après-midi du quatrième jour de l'invraisemblable tragédie de Dallas. « On a tiré sur le Président. »

16

Mon ami et mon aîné Henri de Turenne est arrivé. Il fut mon mentor à mes débuts à *France-Soir*. Je l'aime, son élégance, sa minutie dans le détail. Nous allons refaire ensemble une partie de l'itinéraire d'Oswald depuis l'instant où il a quitté l'immeuble d'où il avait tiré. Nous allons découvrir des détails qui nous laissent perplexes, et vont permettre à notre journal d'étaler pendant quelques jours, sur de pleines pages, les multiples énigmes de cette énigmatique histoire.

Avant qu'Henri me rejoigne, j'étais parti revoir l'immeuble, le Texas School Book Depository Building, soigneusement gardé, mais, avec un confrère américain, j'avais pu monter au sixième grâce à nos cartes de presse et à la connivence d'un flic que connaissait ce journaliste de Dallas.

Nous n'avions pas pu rester longtemps. De là-haut, cependant, en se penchant par la fenêtre, on mesurait à quel point, bien positionné contre les caisses de livres, debout dans un angle idéal, un tireur pouvait, en un peu moins de neuf secondes, déquiller le Président. Il était assez facile de tirer sur la *motorcade*. On sait qu'il y eut au moins un témoin sérieux, fiable, indiscutable, Brennan, qui vit, de ses yeux vit, un homme, fusil à la main, au coin de cette fenêtre, et qui ressemblait trait pour trait à LH Oswald.

On nous a fait déguerpir. Toutes sortes de vérifications étaient en cours. Ensuite, j'ai arpenté cet espace qu'on appelait, à l'époque, une pelouse et qui, depuis, est devenu le *Grassy Knoll*, le monticule herbeux. Personne, ce jour-là, n'avait encore baptisé ainsi cet endroit d'où, selon plusieurs témoignages, seraient partis d'autres coups de feu venus d'autres tireurs. Le reporter local que j'accompagnais me confia pourtant qu'il avait rencontré quelques témoins du vendredi fatal, et qu'ils parlaient, de façon encore vague, d'un nuage de fumée qu'ils auraient vu surgir de derrière la barrière surplombant cette pelouse. On a fait le tour de la palissade. Il était clair que, depuis cet endroit, on aurait, effectivement, pu s'agenouiller pour tirer. La théorie du deuxième, voire du troisième fusil. À ce jour, cependant, après toutes les vérifications, grâce à la modernité, aux éclaircissements au millimètre près d'une photo dans laquelle les conspirationnistes ont cru distinguer la présence d'un homme portant un badge (la science a démontré qu'il n'y a rien à voir sur ces clichés, rien d'autre que ce que les théoriciens du complot avaient envie de voir), rien de concret n'est sorti de cet espace arrondi derrière lequel, à l'époque, se croisaient des voies ferrées. Ma propre vision de cette pelouse fut sans surprise ni découverte sensationnelle. Je n'avais rien vu de particulier, sauf que tout, à Dealey Plaza, était devenu particulier.

Le lieu tout entier s'était transformé en un réceptacle du souvenir si récent, si brûlant, du vendredi précédent, par ce temps clair et beau du 22 novembre, sous le soleil de midi. Ces secondes pendant lesquelles, armé de sa caméra amateur, Abraham Zapruder filma, en hurlant son effroi, l'instant même où éclatait le crâne de Kennedy. Eh bien, ce matin-là, Dealey Plaza prend un autre aspect que celui d'un ordinaire morceau urbain. Ça vous pèse sur le corps, quand vous foulez la pelouse, quand vous rôdez autour des abords de l'immeuble. Les fantômes flottent au-dessus d'Elm Street : la limousine, le premier coup de feu comme un pétard du « *4th of July* », la panique dans la foule, les sirènes, JFK, tête éclatée, Connally grièvement blessé — c'est obsédant, omniprésent. J'éprouve alors la sensation que l'air n'est plus le même qu'ailleurs. Et il y a cet étrange écho qui a toujours caractérisé l'endroit — une réverbération lugubre.

Il est très tôt, le matin. Nous n'en sommes qu'au quatrième jour après la tragédie et l'on peut voir des gens qui arrivent pour déposer des fleurs. Ce sont des bouquets, ou des petites brindilles par-ci, par-là, répartis le long de la courbe du trottoir d'Elm Street qu'avait longée le cortège présidentiel. Des enfants, des femmes errent sur la pelouse de l'autre côté de la rue et qui fait face à l'autre pelouse, celle qui deviendra suspecte. Le *Grassy Knoll* aura droit à de la littérature, des livres, des films. Pour l'heure, je parle avec ces Américains, un peu sonnés, très polis. On dirait qu'ils ne savent pas bien quoi faire de ce lieu. Faut-il s'agenouiller, prier ? Malgré la circulation automobile, malgré la propension américaine à parler haut et fort, ils ont tendance à chuchoter, murmurer. Ils me disent :

— Dallas est foutu. L'image de l'Amérique aussi.

D'autres :

— C'est pas encore fini, cette histoire. On va encore en apprendre de belles.

D'autres :

— Kennedy était un grand homme.

Une autre, enfin :

— Je peux plus remettre les pieds ici. Ça sent trop la mort.

Il était tôt lorsque j'étais arrivé pour interroger ces premiers venus — mais, d'heure en heure, la foule se densifie. La police a tendu des cordes, puis établi des barrières pour contrôler ce qui se mue en une cérémonie de pèlerinage. C'est le *Thanksgiving Day*, le jour où l'Amérique remercie Dieu de lui avoir donné... l'Amérique. Jour de congé. On afflue au Dealey. Ça va vite se transformer en foire — une foule révérencieuse, certes, mais curieuse, plus bavarde et moins pudique que les premiers interlocuteurs du petit matin. Depuis, ça n'a plus jamais cessé.

Aujourd'hui, cinquante ans plus tard, on a installé un musée au sixième étage du fantomatique bâtiment aux murs en brique ocre. Photos — documents — accessoires, comme toujours avec les Américains, c'est du beau travail. On organise des tours en autocar, des itinéraires fléchés, on vend des accessoires, des cartes postales, du Coca et des hot dogs. Il existe même un site Internet, excellemment documenté. Il reçoit des millions de visiteurs. C'est l'industrie de la nostalgie et du souvenir qui s'exerce dans ce lieu de mémoire, un lieu de culte, un lieu si banal, si trivial, et pourtant exceptionnel, auquel Américains et touristes étrangers rendent visite à la manière de ces hordes de fans qui vont, tout au long des décennies, défiler dans la maison du défunt Elvis Presley, à Graceland.

Mais il y a une différence : Elvis, c'était du rock, et de la drogue. JFK, c'est tout autre chose. On touche au sacré. Alors, Dealey Plaza, c'est Lourdes à l'américaine, sans eau bénite. À 12 h 30, le 22 novembre, on observe une minute de silence. Cette année, ils feront, sans doute, beaucoup plus fort qu'une cérémonie d'une minute. Le Cimetière national d'Arlington et le Dealey Plaza demeurent les deux *holy grounds* (les lieux saints) où la Religion Kennedy peut être, encore et toujours, pratiquée.

Nous refaisons donc, avec Turenne, l'itinéraire d'Oswald depuis qu'il a quitté le School Book (après avoir « *shot the President* ») pour, quarante-cinq minutes plus tard, se faire arrêter au Texas Theater, après avoir, au passage, tué le flic Tippit. Rues de banlieue, jardins à l'herbe folle ou pauvre, maisons individuelles sans charme, la grande et ennuyeuse symétrie des quartiers de la classe moyenne ou petite des banlieues de villes. Nous avons un chronomètre en main, et l'on nous a donné suffisamment de détails sur les allées et venues d'Oswald. Nous refaisons tout son itinéraire, c'est très intéressant. Il y a cette adresse, 1026 North Beckley Avenue, une petite maison à parois rouge-brun où Oswald avait loué une chambre meublée. Curieusement, Oswald avait fait arrêter le taxi au numéro 500 (après avoir quitté Dealey Plaza et d'abord pris un bus). Ce numéro 500 se trouve à peu près à la hauteur de la 10e Rue : une rue perpendiculaire qui descend tout droit jusque... chez Ruby. Les deux hommes auraient été voisins et auraient habité le même quartier ? Dix-neuf minutes à pied l'un de l'autre.

La distance de l'Étoile à la Concorde. Or, c'est au milieu de cette 10ᵉ Rue qu'Oswald va rencontrer le policier Tippit. Entre-temps, il est rentré chez lui, a récupéré un pistolet, l'a fourré sous son blouson. Marchant, comme lui, dans ce quartier au gazon jaune et pelé, aux maisons de bois aux peintures défraîchies, nous regardons le chrono. Il est 13 h 15 pour Oswald et il lui a fallu douze minutes pour arriver jusqu'au numéro 404 de la 10ᵉ Rue. S'il continuait dans la même direction, c'est presque une ligne droite, il arriverait chez Ruby, sept minutes plus tard, au 223 Ewing Avenue. Et voici qu'il y a un policier qui patrouille en voiture et qui l'interpelle. Des témoins ont identifié Oswald, dont la principale, Helen Markham :

« Oswald s'est penché vers la portière. J'ai cru qu'ils discutaient poliment tous les deux. Le policier est sorti de la voiture et à ce moment-là Oswald a tiré deux balles de revolver sur lui. »

Oswald regarde Madame Markham dans les yeux, mais ne la supprime pas. On interrogera d'autres témoins de ce meurtre : Virginia et Barbara Davis, William Scoggins, Domingo Benavides, etc. Tous seront formels : Oswald a tué Tippit. Il part dans la direction de Palton Street, puis il revient sur ses pas et se dirige vers West Jefferson Avenue. S'arrête devant un magasin de bric-à-brac, pelouse sale devant le magasin, un étalage de vieilles tondeuses à gazon rouillées, des chaises boiteuses, des sommiers, des lits en bois, des réfrigérateurs écaillés.

Quartier sordide, maisons de bois délabrées. Avant d'arriver à un poste d'essence, Oswald se glisse entre deux bâtiments, derrière une épicerie sur un terrain vague, enlève les douilles vides de son pistolet et les remplace par de nouvelles cartouches. Il se débarrasse aussi de son blouson de coton gris. Il passe de la 10e Rue à la West Jefferson, remonte vers 13 h 40 devant une boutique de chaussures, essoufflé, cherche à se dissimuler car une voiture de police passe par là. Il poursuit sa route, pénètre au cinéma, c'est alors que le marchand de chaussures, Johnny Calvin Brewer, alerte la police qui investit la salle de cinéma et arrête Oswald, après une courte bagarre. Brewer aura joué un rôle important : il trouvait cet inconnu un peu agité, il le suivit jusqu'à son entrée dans la salle de cinéma, puis eut le réflexe de répéter à la caissière qu'il fallait prévenir la police.

Ces quelques éléments d'un itinéraire incohérent ne suggèrent que des coïncidences. Pendant deux jours, nous avons pu, avec Henri, envoyer dépêche après dépêche, pour faire en sorte que les questions que tout le monde se posait prennent, grâce à notre reconstitution, une dimension supplémentaire. Certes, nous avions établi qu'Oswald avait suivi un chemin qui pouvait conduire directement au domicile de Ruby. Mais ce pouvait n'être qu'une coïncidence. Vers où se dirigeait véritablement Oswald ? Les avis diffèrent : peut-être essayait-il de rejoindre une station de *Greyhound Bus* qui

l'aurait emmené en direction du Mexique. Peut-
être, aussi, avait-il temporairement perdu son
calme et était-il en proie à une certaine panique.
J'en doute un peu : Oswald m'a toujours paru
être en pleine possession de sa logique, sa diagonale du fou. On a phosphoré sur chaque détail
des minutes de la fuite d'Oswald jusqu'à ce jour.
De même, on s'est fréquemment interrogé sur le
rôle de ce flic, Tippit. Pourquoi Oswald le tue ?
Pour moi, c'est tout à fait explicable, prosaïque.
Oswald flingue Tippit à bout portant parce que
celui-ci, ayant reçu par radio le signalement du
suspect numéro un recherché par toutes les
patrouilles, veut l'identifier — et donc l'arrêter.
Et Oswald, tout simplement, ne va pas le laisser
faire. Alors, là encore, une floraison de spécula-
tions et de points d'interrogation a poussé, en
volumineuse excroissance. Les deux hommes
se connaissaient-ils ? Des thèses entières ont été
publiées à ce sujet. Aucune preuve d'aucun lien
réel entre Oswald et sa victime, Tippit, n'a pu
être établie, aucune. C'est étrange comme, dans
une affaire pareille, on n'envisage pas d'accepter la simple vérité des faits, l'enchaînement
du réel, soutenu par la force de l'irrationnel.

17

Vers 18 heures, je ne pourrai m'empêcher de revenir, seul, au Dallas Police Headquarters. Ces locaux m'attiraient comme un aimant, j'avais encore faim, peut-être, de ces flics, cette ambiance, ces ragots, ces moments vécus ou racontés, ces bousculades dans les couloirs. Ça m'avait peut-être intoxiqué. Je commençais presque à considérer que c'était mon domicile. L'atmosphère n'y était pas tellement plus calme, quoique plus silencieuse, un peu comme ces quartiers de ville basse dans l'Oklahoma, après une tornade. Le vide qui succède au chaos. À cette heure-là, il est plus aisé d'aborder les détectives. C'est ainsi que je tombe sur Will Fritz, au sortir de son bureau. Il a pris un coup de vieux terrible depuis hier. Tout ça pour ça, semble-t-il se dire. Il est pressé, semble plus ou moins me reconnaître et fait un geste défensif de la main, paume ouverte devant lui, comme un agent de la circulation qui bloque un véhicule. Courtois, la voix douce, mais ferme :

— Je ne m'adresse plus à la presse. Mes seules déclarations seront destinées aux enquêteurs du FBI et aux officiels.

— Mais, Capitaine, je ne veux vous poser aucune question, je veux juste vous demander de me montrer à quoi ressemble votre pistolet.

Il a l'air surpris. Peut-être flatté. J'avais déjà utilisé ce stratagème dans d'autres enquêtes. Parfois, ça marche. Il s'arrête, pousse un soupir bruyant. Il sort un 38 Colt Army Special, avec barillet, et une crosse faite de nacre et de perle. Il le tient dans sa main droite, avec une certaine satisfaction, et me dit en le soupesant :

— Il en a vu pas mal, celui-là. C'est ça que vous vouliez savoir ?

— Bien sûr. C'est un bel objet.

— Efficace, Monsieur, efficace.

Je m'enhardis alors :

— Je voudrais quand même bien savoir ce que vous pensez de Ruby. Nous sommes interloqués et nous sommes tous en train de nous dire que s'il a tué Oswald, ça n'est pas simplement comme ça, sur un coup de folie, mais sur un ordre venu d'on ne sait quelle organisation.

Le visage de Fritz est impassible. Il me regarde avec l'air du type qui se dit : « Ce jeune journaliste me prend-il pour un con ? » Aucune hostilité, mais il s'est refermé. J'insiste :

— Que croyez-vous, Capitaine ?

Fritz a une sorte de sourire triste, distant, blasé. L'échec, la désillusion, l'amertume ? Il ôte ses lunettes, après avoir rengainé son Colt Special

150

dans l'étui de cuir brun attaché à sa ceinture, côté hanche droite. Ses deux yeux ronds, aqueux, fatigués, le sourire s'efface, et il me dit, avec la lenteur de son parler texan, en appuyant sur chaque mot :

— *I believe what I believe* — Je crois ce que je crois.

Le capitaine Fritz fut pratiquement le seul de tous les acteurs de cette affaire qui refusa de vendre son histoire et de raconter son enquête aux journaux, magazines, et maisons d'édition qui l'avaient contacté. Il livra un compte rendu précis de ses interrogatoires d'Oswald à la commission Warren. Personne n'a jamais assez tenu compte de sa déposition, qui accable Oswald. Honnête et efficace, finalement, le vieux Fritz. Après l'avoir méjugé, j'ai appris à le respecter. Il prit sa retraite en février 1970, et mourut d'un cancer le 19 avril 1984. Son Colt fut vendu aux enchères pour 15 000 dollars. Je suppose qu'il vaut, aujourd'hui, bien plus du double. Le fedora de Ruby valait 12 000 dollars dans les années 80. On peut imaginer, là encore, qu'il rapporterait beaucoup plus à son propriétaire, si celui-ci voulait se séparer d'une telle relique.

Mon souvenir de Fritz ? Un vrai *cop*.

Pour nous, à l'époque, Ruby constituait une énigme. Il l'est encore — mais moins pour moi, au bout du compte, aujourd'hui. En un demi-siècle, toutes les suppositions, hypothèses, tous les scenarii ont été examinés — certains fondés, d'autres non. Je resterai toujours décontenancé par l'omniprésence de Ruby chez les flics — dès l'instant où Oswald fut introduit dans l'immeuble. Comment Ruby pouvait-il déjà connaître le nom exact du *Fair Play for Cuba Committee* — (Comité pour Cuba), dont Oswald brandissait les tracts dans les rues de New Orleans pendant le mois de septembre ? Que savait Ruby ? A-t-il joué une comédie de bout en bout ?

François Carlier[1] me dit :

— On peut toujours admettre que Ruby ait menti à la police, à la commission Warren, aux juges au cours de son procès, au FBI — mais il y a le soir de la vie. À l'approche de la mort, un homme « relativise les lois terrestres ». Quand il se confie à son rabbin, quelque temps avant, il n'a plus rien à perdre ni à espérer. Ruby a confirmé à son rabbin qu'il n'avait jamais connu Oswald. Sans être une preuve absolue, c'est un élément qu'on ne peut négliger.

Autre chose : dans les annexes d'un livre d'Alan Adelson, *The Ruby Oswald Affair*, on trouve une lettre écrite par Ruby à son frère Earl, depuis son lit du Parkland Hospital — l'endroit

---

1. Auteur de *Elm Street*, Publibook, 2008 ; rééd. 2013.

On ne pouvait trouver plus séduisant, plus *all american*, que
ce jeune officier de la Navy en
partance pour la guerre du Pacifique. Sur un visage proche de
la perfection (lèvres bien dessinées, sensuelles – mâchoire
carrée – regard pénétrant), on
ne peut pas lire que cet homme
souffre de terribles handicaps
physiques (le dos, les intestins).
Il fera jouer tous les pistons
possibles de son père pour être
envoyé aux commandes d'un
PT Boat 109 qui sera harponné
par un navire japonais – dans
les îles Salomon –, incident au
cours duquel JFK fit preuve
d'un immense courage, ce qui
l'éleva à la stature d'un héros.
Premier chapitre de sa légende.

Il est intéressant de confronter ces deux clichés, car
ils résument une partie – une partie seulement ! –
des contradictions du personnage. D'un côté, voici, à
Hammersmith Farm, le 12 septembre 1953, au cours
des cérémonies de son mariage avec l'éblouissante
Jacqueline Bouvier, celui que toute maman américaine
aurait rêvé d'avoir pour gendre : « Jack », désinvolte et
élégant. De l'autre, voici, au côté de son ex-mari (un
acteur de second ordre), Judith Campbell Exner, brune
call-girl que la Mafia mit dans le lit du Président. La
honte. Ou, en tout cas, l'irresponsabilité.

3

WANTED

FOR

TREASON

THIS MAN is wanted for treasonous activities against the United States:

1. Betraying the Constitution (which he swore to uphold):
He is turning the sovereignty of the U. S. over to the communist controlled United Nations.
He is betraying our friends (Cuba, Katanga, Portugal) and befriending our enemies (Russia, Yugoslavia, Poland).

2. He has been WRONG on innumerable issues affecting the security of the U.S. (United Nations-Berlin wall-Missle removal-Cuba-Wheat deals-Test Ban Treaty, etc.)

3. He has been lax in enforcing Communist Registration laws.

4. He has given support and encouragement to the Communist inspired racial riots.

5. He has illegally invaded a sovereign State with federal troops.

6. He has consistantly appointed Anti-Christians to Federal office: Upholds the Supreme Court in its Anti-Christian rulings.
Aliens and known Communists abound in Federal offices.

7. He has been caught in fantastic LIES to the American people (including personal ones like his previous marraige and divorce).

4

5

e tract fut distribué à 5 000 exemplaires dans
s rues de Dallas, le matin du 22 novembre
963. Imprimé sur du papier bon marché, il
:cusait, entre autres insultes, le président
ennedy d'avoir trahi son pays et sa Consti-
tion. Ce paquet de haine fut accompagné, le
ême jour, par une page de pub dans le *Dal-
s Morning News*. Mêmes anathèmes sous le
:re « Welcome Mr. Kennedy », signés d'un
:rtain Bernard Weissman. Derrière ce nom,
:rgent d'extrême droite, dont celui de Bun-
:r Hunt, ayant fait fortune dans le pétrole.

Je ne vois aucune trace de cette haine sur
les visages le long du cortège. La SS-100-X
roule dans Main Street à 17,702 km/h. Dans
cette ville du Sud-Ouest fortement ségréga-
tionniste, quelques Noirs au premier rang,
ses meilleurs soutiens. La femme du gouverneur du Texas, Nellie Connally (sur le cliché,
devant Jackie), dit à Kennedy : « On ne peut
vraiment pas dire que Dallas ne vous aime
pas, Mister President. » Il sourit. « Effectivement, on ne peut pas. » À peine une seconde
plus tard…

6

C'est une excellente vue, il n'y a pas de meilleur endroit que ce sixième étage pour s'installer entre plusieurs caisses de carton avec
un fusil. Pour opérer le tournant à gauche,
120°, de Houston à Elm, le chauffeur, Bill
Greer, le plus âgé de tout le personnel de sécurité de la Maison-Blanche, va doucement. À
droite de la photo, on peut voir une partie
du fameux *Grassy Knoll*, le monticule herbeux, sur lequel se trouvaient peu de gens.
On a spéculé que c'était de derrière la barrière blanche (plus haut, à droite) que seraient
partis les coups de feu d'un deuxième, voire
troisième fusil. Cette vue du sixième étage a

été prise lors d'une reconstitution – il y en e
beaucoup, dont celle de la deuxième comm
sion d'enquête (le *House Select Committee*
Assassinations, HSCA, de 1976 à 1979). S
conclusions évoquent une « probabilité »
complot. Là-haut, franchement, pour y ê
monté, je peux dire que ça paraît assez faci
À 12 h 30, quand la limousine de JFK est da
la ligne de mire, les coups de feu éclatent.
gouverneur du Texas, John Connally, hurl
« Mon Dieu, ils vont tous nous tuer ! » U
brume rouge de sang, faite du tissu cérébra
de fragments de crâne de JFK, va s'épanou
dans l'air en un quart de seconde.

e chauffeur appuie sur la pédale d'accéléra-
teur, la limo fait un bond et Roy Kellerman,
autre agent des services secrets, hurle :
Parkland Hospital. » C'est le chaos. Joseph
Thompson, dans un livre paru en 1967, a
compté : ils n'étaient que 190 témoins – 83,4%
d'entre eux ont dit avoir entendu trois coups
de fusil. Mêmes chiffres que ceux de la commission Warren, très décriée. Le grand pan-
neau, sur la droite, cache le confectionneur
de vêtements, Abraham Zapruder, très bien
situé sur le monticule, et qui tourne, avec sa
caméra 8 mm, ce qui va devenir le film amateur le plus célèbre du monde. Tandis que la

tête de Kennedy éclate, Zapruder continue de
faire marcher sa caméra. Il hurle en le faisant.
Quand on aura, à partir de 1979, répertorié
tous les témoins et leurs souvenirs, seuls 2%
d'entre eux ont cru entendre des coups de feu
venus d'un autre endroit que le Texas School
Book Depository Building. Howard Brennan
affirma avoir vu un homme armé d'un fusil, au
coin sud-ouest de la fenêtre, c'était, selon lui,
Oswald. Il n'en démordra pas. Douze savants
sélectionnés par l'Académie nationale des
sciences ont conclu, en 1982, qu'il n'y avait
aucune «base acoustique» pour assurer qu'un
quatrième coup avait été tiré du monticule.

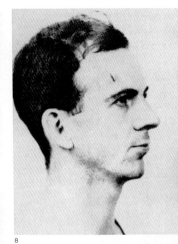

8

9

age de gauche

es visages de Dallas, et tout ce qu'on croit
ouvoir y lire. Oswald, sur ce *mug shot*, déter-
iné et solitaire. La veille de l'assassinat, il
eut, entre sa femme Marina et lui, à Irving,
hez les Paine, où Marina vivait séparée,
es mots qui, selon trois psychiatres de la
ommission Warren, ont pu pousser Oswald
 commettre son acte fatal. Marina a refusé
e le rejoindre en ville. Ultime rejet dans la
te d'un homme qui ne connut que cela ? Le
ndemain matin, il partait, dans la voiture de
razier, transportant un grand sac de papier
un : « Des tringles à rideaux. » Le sac conte-
ait le fusil Mannlicher-Carcano.

Et puis voici Tippit, le *cop* de trente-neuf ans,
abattu par Oswald. Son passé (marié, trois
enfants, décoré comme parachutiste pendant
la Deuxième Guerre mondiale, onze ans de
service dans la police de Dallas) n'apporta
aucun élément susceptible d'étayer les théories du complot selon lesquelles le Texan aux
traits épais aurait été envoyé dans Oak Cliff
pour tuer Oswald. Quant au poing tendu dans
le couloir de la police, c'est peut-être le geste
d'un militant communiste – ou bien Oswald
voulait-il seulement montrer à la presse qu'il
était menotté ?

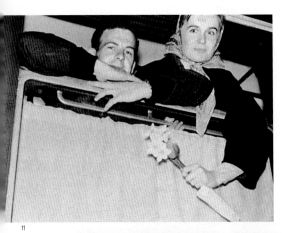

11

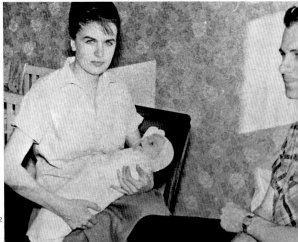

12

13

ge de gauche

swald croyait trouver les «lendemains qui
hantent» en Russie. À Minsk, il rencontre
Marina, aux beaux yeux bleus, et l'épouse un
ois plus tard. Ils auront une fille, Jane Lee
et une autre à leur retour au Texas. Oswald
'est pas plus satisfait de l'URSS que des
SA. Dans son journal intime (écrit en lettres
pitales), il exprime sa haine profonde pour
s deux systèmes. À son retour aux États-
nis, à la descente de l'avion, il demande :

«Où sont les journalistes ?» Il n'y avait, évidemment, personne pour l'accueillir.

Il a longtemps existé un doute sur l'authenticité de cette photo – aurait-on rajouté le visage
d'Oswald sur un autre corps ? Le HSCA a fait
travailler vingt-deux experts qui ont conclu
à l'absence de tout truquage. Marina avait
pris la photo à la demande de son mari. «Ce
jour-là, a-t-elle raconté, j'ai pensé qu'il était
devenu dingue.»

14

15

Jack Ruby surgit pour tirer un seul coup dans l'abdomen d'Oswald. « Tu as tué mon Président, espèce de rat ! » aurait-il crié. Il est 11 h 21, heure de Dallas. Sur la gauche, on reconnaît le capitaine Fritz, qui tourne la tête vers le véhicule blindé qui devait transférer Oswald vers les bureaux du shérif – il ne voit rien, ce qui souligne la foudroyante rapidité avec laquelle s'est déroulé le meurtre. Le transfert d'Oswald aurait dû avoir lieu une heure plus tôt. Élément de ce qu'on appelle un « concours de circonstances » : Ruby était allé poster un mandat à la Western Union. Oswald, pendant ce temps, au troisième étage de la police, demande s'il peut changer de vêtements. On lui propose un sweat beige – il en choisit un noir. Cela prend du temps. Il a été démontré, chronographes à l'appui, que si Oswald n'avait pas décidé de se changer, il aurait été transféré avant que Ruby n'accède à la rampe menant au garage de la police.

Au Parkland Hospital, le docteur Lattim constate que la balle du pistolet de Ruby perforé la poitrine, traversé l'estomac, se tionné l'artère intestinale principale et l'aor tout en brisant la partie droite du foie. Oswa meurt. En 1992, le docteur Crenshaw, qui éta un jeune interne, a prétendu que le présider Johnson avait appelé pour obtenir une *dea bed confession* d'Oswald. Il n'existe aucu trace de ce coup de fil dans les *logs* (archive de la Maison-Blanche.

France-Soir
dernière heure
LE SEUL QUOTIDIEN VENDANT PLUS D'UN MILLION   07.30
Mardi 26 novembre 1962

De Dallas, Philippe Labro téléphone :

L'instant du meurtre
OSWALD
S'AFFAISSE
MORTEL-
LEMENT
BLESSÉ
PAR RUBY

TOUT SUR OSWALD (assassin présumé de Kennedy)
ET JACK RUBY (qui abattit Lee Oswald)

Avec une rapidité stupéfiante, Ruby contourne les policiers et tire : Oswald s'affaisse

ACKIE SUIT A PIED LE CERCUEIL DE SON MARI A TRAVERS LES RUES DE WASHINGTON

De Gaulle, sept autres chefs d'Etat et de nombreux chefs de gouvernement aux obsèques du Président

(PAGES 4, 5, 6, 7 ET DERNIÈRE NOS REPORTAGES ET NOS PHOTOS)

« J'ai hurlé et essayé de l'arrêter. Trop tard ! », raconte un policier

DALLAS (Texas), 25 novembre (A.P.).

UN détective de Dallas, R. M. Combest, a voulu empêcher le meurtre de Lee Harvey Oswald, assassin présumé de président Kennedy. Voici son récit :

« Je me tenais à un coin de la pièce comme on l'avait prévu. Je vis alors Jack Ruby, qui se précipitait.

« J'ai hurlé à Jack Ruby, mais c'était trop tard ! »

(Tout sur Oswald et Ruby : pages 5 et 6)

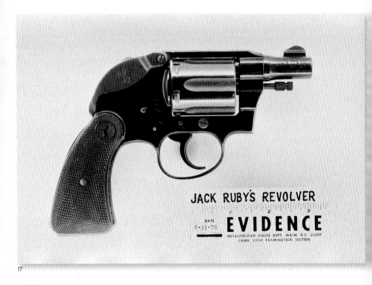

J'exagère à peine quand j'écris que les pisto-
lets, au Texas, comme dans le reste des États-
Unis, sont tout aussi courants et accessibles
qu'un paquet de corn flakes dans une grande
surface. Celui-ci (un Colt Cobra, calibre 38, n°
de série 2744LW) revêt une importance particulière. C'est le revolver avec lequel, d'une
seule balle, Jack Ruby a mis fin à la vie de
l'assassin présumé de JFK – et a, dès lors,
ouvert la voie à toutes les hypothèses d'une
conspiration – un *plot*, c'est-à-dire un complot. Le revolver de Ruby est petit, pratique,
efficace, et se tient bien en main. Pas besoin
de le brandir à deux mains, à la manière des
acteurs de cinéma. On peut le ficher entre
la chemise et le pantalon, dans le dos de la
veste, côté droit de la fesse. Il suffit d'un geste
rapide pour le saisir, le pointer, et tirer. Ainsi
l'a fait Ruby, comme un professionnel. Un
« soldat » de la Mafia ?

18

19

Ce revolver, le meurtrier, son profil
t sa vie, tout concourt à ce que, dès
u'il tue Oswald, Ruby apparaisse
omme l'instrument des auteurs du
omplot. Le voici, entouré de ses
Burlesque Girls », habillé comme
n petit caïd de la vie nocturne de
rovince. Son *Carousel*, selon les
Dallassiens (il le ferma dès l'annonce
e la mort de JFK et, après qu'il eut

tué Oswald, l'établissement ne fut
jamais rouvert), était un « night-
club » sans classe. Le Colt Cobra a
été mis aux enchères par la Pugliese
Collection en 1992 pour 3 millions
de dollars. Il ne fait aucun doute que
Ruby a fréquenté les membres de la
Mob. Mais a-t-il été leur exécuteur ?
Ce n'est pas une évidence.

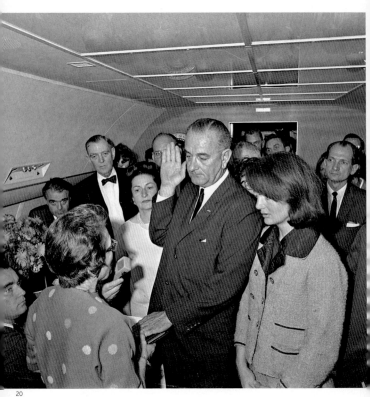

À 14 heures, heure locale, le cercueil contenant le corps de JFK a été hissé à bord de ce qui était « son » avion, Air Force One. On a dégagé des sièges à l'arrière et Jacqueline Kennedy s'assied à droite, mains posées sur la surface de bronze du *coffin*. Avec elle, trois lieutenants de JFK : O'Donnell, O'Brien, Powers, sa garde irlandaise. O'Donnell demande au général McHugh de faire décoller l'avion. Le colonel Swindal met les moteurs en marche – et puis ils s'arrêtent. Pourquoi ? Johnson l'a décidé. Le clan Kennedy apprend que le Texan est déjà à bord – à quelques mètres de là. On le croyait dans l'avion vice-présidentiel. Pas du tout ! Lyndon B. Johnson sait ce qu'il fait et fait ce qu'il estime être son devoir : attendre la juge fédérale, Sarah T. Hugues, soixante-sept ans, récupérée dans Dallas, pour qu'elle lui fasse prêter serment. Il faut respecter la sacro-sainte Constitution. Le clan irlandais est choqué par tant d'empressement, Jackie encore plus. Dans ce bel appareil dont elle avait organisé la déco, elle découvre LBJ et sa femme, occupant « sa » suite – et celle de JFK. L'ambiance est irrespirable. Trente minutes plus tard, devant vingt-sept personnes, dans la salle de conférences aux parois tapissées d'or, sa grosse main posée sur la bible reliée de cuir que JFK conservait dans sa table de nuit, Johnson prononce la phrase rituelle qui se termine par : « Au moyen de toute mon habilité, je préserverai, protégerai et défendrai la Constitution des États-Unis. *So help me God.* » Il est 14 h 38, au 1 307e jour de l'ère Kennedy, 98 minutes après la mort de JFK. Le trente-sixième président des États-Unis embrasse Jackie sur la joue. Elle rejoint le cercueil au bout de la carlingue. Johnson donne son premier ordre officiel : « Faites-moi décoller ce zinc. » D'un côté de l'avion, sanglots étouffés des Irlandais, avec Jackie, larmes aux yeux, conservant son *self control*. De l'autre, LBJ et ses adjoints préparent une courte déclaration pour l'arrivée à Washington. À l'atterrissage à Andrews Air Force Base (voir photo double page suivante), Jackie ne quittera pas le cercueil de son mari. Bobby, le frère du Président, visage livide, l'a rejointe à bord, sans saluer Johnson, pour ensuite sortir en même temps qu'elle de l'avion. Les officiers de la Navy saluent. À peine voit-on le nouveau Président. La famille Kennedy a pris les rênes de ce qui va devenir quarante-huit heures de deuil national. Une rocambolesque fable « conspirationniste » a couru, selon quoi le corps de JFK avait été substitué pour qu'on maquille ses blessures. Or jamais le cercueil ne fut laissé sans garde. Il était scellé par un mécanisme de serrure *airlock*. Il ne fut rouvert qu'à la morgue de Bethesda. C'est là, seulement, qu'on mit Kennedy dans un autre cercueil en acajou.

22

Dimanche 24 novembre 1963. Tandis qu'à Washington on entame le premier jour des obsèques nationales (remarquablement organisées), à Dallas, dans la lumière glauque du garage d'un commissariat, Jack Ruby tue Oswald (voir photos et textes précédents). Solennité et violence. Recueillement et chaos. Les deux événements, presque simultanés (une heure de décalage entre fuseaux horaires), seront suivis par des millions de téléspectateurs. Nous sommes à quelques jours du *Thanksgiving Day*, quand les Américains remercient Dieu pour les «bonheurs reçus». Mais, ce dimanche-là, ils se figèrent pour voir à la télé, en direct, d'un côté, le geste inattendu de Ruby et, de l'autre, la beauté de la cérémonie, les images qui firent le tour du monde. Le lendemain, lundi, ce fut le salut du petit John-John au passage du cercueil recouvert du drapeau. En rangs serrés, les frères Kennedy et la famille. Avec, à leur tête, une femme-statue. Jackie, visage voilé d'une man-

tille de dentelle noire, offrant à l'Amérique au monde un exemple de dignité et de beaut Elle fut hiératique: deux journées, penda la messe ou pendant le cortège le long d Pennsylvania Avenue, où dans une lumiè froide (l'on n'entend plus que le son étouf des tambours, leur roulement obsessionne aussi bien dans la rotonde du Capitole, deva le catafalque qui avait supporté le cercue de Lincoln – aussi bien lorsqu'elle reçut l dignitaires du monde entier (de Haïlé Sélass à de Gaulle, du prince Philip d'Édimbourg chancelier allemand Erhard) avec une ma trise et une contenance admirables – elle f Jacqueline Lee Bouvier Kennedy, l'emblèm du deuil national – contraste sidérant av le polar de série B de Dallas. Il est 14 h 17 Washington quand Jackie et Caroline s'ag nouillent dans la Rotonde. Il est 13 h 07 à Da las (*central time*) quand la mort d'Oswald e prononcée au Parkland Hospital.

24

25

26

Cette page contient ce que j'appellerai quelques « éléments périphériques » du feuilleton Dallas-Kennedy. D'abord (page de gauche), une photo – moins connue que d'autres – des trois « vagabonds » que la police de Dallas arrêta le jour même, une heure après l'assassinat. J'ai moi-même fantasmé quelque temps devant ces types presque trop bien habillés pour être des *hobos* ou des *drifters* – équivalent de nos SDF. D'autant que les deux premiers pouvaient ressembler (quelle aubaine pour les adeptes du complot !) à Franck Sturgis et Howard Hunt, qui seront, en 1972, les cambrioleurs du Watergate (scandale Nixon). En 1992, les archives de la police de Dallas confirmèrent qu'il s'agissait de Harold Doyle, Gus Abrams, et John Gedney – de vrais sans-abri qui avaient trouvé refuge dans un wagon, sur les rails de l'autre côté de Dealey Plaza. Le deuxième personnage, à gauche, est plus intéressant. Sam Giancana, patron de la mafia de Chicago, qui mourra de six balles dans le corps, le 19 juin 1975, quelques jours avant d'être interrogé sur la « conspiration ». On l'a associé à la théorie du complot, car Judith Campbell, qui fut sa maîtresse, se retrouva ensuite dans le lit de JFK – comme si Giancana, grâce à elle, pouvait peser sur JFK. Après la mort de son frère, et avant la sienne (il fut assassiné à Los Angeles le 6 juin 1968), Bobby Kennedy s'interrogea sur Giancana. Il n'en sortira rien. Enfin, le troisième personnage, pipe à la main, regard décidé de celui qui sait, voici Jim Garrison, procureur de New Orleans, dont l'enquête, entachée d'erreurs, aboutit à un fiasco. Je parle de lui plus loin.

Qu'y a-t-il de commun entre le jeune officier de la Navy (première photo de ce cahier) et l'homme mûr (notre dernière photo), assis sur son fauteuil du bureau ovale de la Maison Blanche, qui s'adresse à des collaborateurs, doigt en avant signe d'exercice du pouvoir ? Vingt ans ou presque ont passé qui ont fait vivre à John F. Kennedy l'expérience de la guerre les campagnes électorales pour le Sénat, un mariage glamour avec une femme d'exception une élection gagnée de peu à la Maison-Blanche, les vicissitudes de la présidence avec un apprentissage douloureux échecs (baie des Cochons) et réussites (crise des missiles – Berlin), les fêtes sophistiquées et les fréquentations douteuses – les milliers de photos inscrivant, dans l'inconscient collectif, la notion d'un couple d'apparence magique. Sur ce visage d'une quarantaine qui semble sereine, nul ne peut voir encore la proximité d'une fin tragique. JFK dans sa puissance et sa gloire, dans l'ignorance d'un destin que décideront les balles d'un fusil Mannlicher Carcano acheté par un inconnu nommé Oswald.

même où mourut JFK, et où, aussi, s'acheva la courte vie de Lee Harvey Oswald. Il y dit ceci :

« Je veux que tu saches que je n'ai jamais connu Oswald, je n'ai jamais été impliqué dans une quelconque conspiration et je n'avais pas planifié de lui tirer dessus. Après que ça a eu lieu, je ne savais même pas ce que j'avais fait. Oh, Earl, comme j'aurais souhaité que tout cela ne soit pas arrivé. »

Cette lettre, tapée à la machine, signée de sa main, vaut ce qu'elle vaut. A-t-elle été dictée par quelqu'un ? Tout est possible. Et ce n'est pas une preuve supplémentaire, convenons-en. Mais elle corrobore la confession faite au rabbin Hillel Silvermann, de la synagogue de Dallas.

Jusqu'au dernier jour, enfin, et comme il l'écrit dans sa lettre, Ruby aura nié tout rapport avec la mafia. Or il reste, et elles sont nombreuses, et j'en ai déjà parlé plus haut, des questions sur ses rapports avec la *Mob* — le monde du crime organisé. Il a été avéré qu'il eut de fréquents contacts avec ce monde souterrain, qu'il fit des voyages à La Havane, qu'il passa de nombreux coups de téléphone à quelques messagers de la *Mob* à Chicago ou ailleurs. Mais il semble que ce fut seulement afin d'obtenir leur soutien auprès de l'AGVA, un syndicat supervisé par la *Mob*, et qui s'occupait particulièrement du sort des strip-teaseuses. Tout cela à propos d'une querelle locale qui opposait Ruby à ses concurrents, les frères Weinstein, eux-mêmes propriétaires de boîtes de nuit du style du *Carousel*.

L'auteur d'une biographie du gangster Meyer Lansky, Robert Lacey, a dit un jour qu'il avait « cherché comme un fou » les preuves d'une vraie connexion entre Ruby et la *Mob*. Il ne les a jamais trouvées.

Néanmoins, le *House Select Committee on Assassinations* (HSCA) — une commission parlementaire qui, au milieu des années 70, voulut tout réviser, non seulement sur l'assassinat de JFK, mais aussi sur celui de Martin Luther King — est toujours resté sceptique sur la version d'un Ruby en proie à l'émotion, déstabilisé, cherchant la lumière et la gloire, et qui tire seul sur un homme seul. Le HSCA a parlé de « probabilité » de complot. Pas plus, pas moins.

À la fin de sa vie, après son procès qui eut lieu en 1964, Ruby perdait lentement toute raison. Deux ans plus tard, il délirait : destruction de ses facultés mentales, paranoïa. Il disait à sa sœur, Eva, qu'on était en train de massacrer vingt-cinq millions de juifs, dans sa prison, à l'étage en dessous de sa cellule. Eva, mégère acariâtre, acrimonieuse, aigrie, mais évidemment meurtrie, nous l'avions rencontrée, avec Turenne, sur le pas de sa porte à Dallas. Elle nous avait éconduits :

— Foutez le camp ou je vous casse la gueule.

Elle évoqua en détail le désordre mental de son frère dans les heures qui suivirent l'assassinat de JFK face aux enquêteurs de la commission Warren (volume XV de ladite commission). On apprit aussi que Ruby avait fait coller un poster de Kennedy sur le mur de sa cellule et qu'il l'embrassait. Il est mort en 1967 d'un cancer généralisé (foie, cerveau, poumons).

Je ne peux m'empêcher de revoir le petit homme trapu, me tendant sa carte de visite rosâtre avec la fille au gros cul nu :

— *My name is Jack Ruby.*

Et, dans son œil droit, une lueur de folie.

18

Quelques jours avant mon départ, j'avais fini par appeler celui qui avait été mon ami, quand j'avais dix-huit ans, à l'université, Bob Kendall, et que je n'avais jamais revu. Au son de ma voix, il s'exclama :

— Tu es là, *Frenchy* ? Je n'ai jamais eu de nouvelles de toi ! *Frenchy* ! Mais que deviens-tu ? Que fais-tu chez nous ?

— Devine. Je suis journaliste.

Un court silence.

— Ah, je vois, tu es là pour l'assassinat, bien sûr ?

— Bien sûr, j'ai pratiquement passé ma vie chez les flics, c'est pourquoi je n'ai pu t'appeler plus tôt.

— Tu t'en vas quand ?

— Dans quelques jours.

Je l'entends rire :

— Dommage, dommage, mais viens donc à la maison demain soir. Je vais essayer d'organiser un dîner afin que tu rencontres quelques membres de la société de Dallas, qui sont un petit peu plus dignes que ceux que tu viens de fréquenter *downtown*.

Ainsi ai-je eu droit à mon dîner chez les riches.

À la lisière du pur dessin des kilomètres du parcours de golf du très huppé et très « blanc » Dallas Country Club, la maison de Bob avait l'aspect d'une demeure néoclassique, inspirée par ce que les Américains imaginent de la France ou de l'Italie du XVIIIᵉ siècle.

Le taxi roulait sur un gravier brun clair si bien tassé que les roues produisaient comme une musique uniforme, une légère vibration rassurante, celle qui indique que vous êtes entré dans l'univers des riches, où l'on apporte du soin à tout et donc, d'abord, au chemin qui vous mène jusqu'à eux. Entre deux interminables étendues de pelouse manucurées, le long de haies de buis taillées au cordeau, au millimètre près, on roulait, on roulait pour finir par apercevoir la demeure, avec son portique à colonnade surmonté d'une large terrasse.

Seule fausse note, en sortant du véhicule et en marchant à la rencontre de Bob qui venait vers moi, j'avais remarqué à droite du portique, juchée entre deux massifs de fleurs orange, et presque cachée par ces fleurs, une statuette d'à peu près 80 centimètres de haut en terre cuite, celle d'un gentil petit Noir vêtu de rouge, avec une casquette de jockey sur sa tête sans expression.

— Honneur à notre invité, me dit Bob en me serrant la main et en massant mon avant-bras. Comme tu vois, nous avons monté tes couleurs.

Je me suis retourné. Sur un autre angle de la pelouse, il y avait trois drapeaux hissés sur trois mâts, l'américain hissé à mi-mât (« Normal, me dit Bob, on est encore en deuil, n'est-ce pas ? ») et puis celui du Texas, avec sa seule et grosse étoile blanche à cinq branches sur fond de trois larges rectangles blanc, rouge et bleu, et puis le drapeau français. Mais ni le drapeau texan ni celui de mon pays n'étaient en berne.

Bob Kendall n'avait pas tellement changé. Les cheveux noirs, avec des reflets bleus, comme les plumes d'un geai. Un air lustré, des lèvres gourmandes, presque pulpeuses, une peau mate, et le visage un peu plus mafflu qu'autrefois, un corps densifié par la pratique du golf, et les repas d'affaires, les *Martini lunch*. Mais il conservait ce même sourire, une frivolité dans les yeux, la même paillette d'insouciance et de malice qui m'avait tant séduit et dérouté lors de mon séjour à Noël dans la maison de sa mère. C'est elle que je vis en premier, venant vers moi, brune et souple, tendant ses mains aux ongles lourds d'un vernis rouge vif — on eût dit qu'elle avait conservé les atours identiques à ce que j'avais vu d'elle, huit années auparavant, des années qui me paraissaient à la fois lointaines et proches :

— Vous revoilà, cher ami, quelle surprise,

quel bonheur, susurra-t-elle, et je sentis un petit tremblement dans sa voix, moins éclatante qu'autrefois. Eh bien, cette fois-ci je ne vous reçois pas chez moi, mais c'est mon fils qui vous reçoit. Vous savez, je suis toujours très proche de lui.

Elle avait pris de l'âge mais dégageait le même charme dû à quelque chose de soyeux, mielleux, qui passait dans sa voix, et s'inscrivait dans toute son allure. Elle m'avait intrigué en 1954 — aujourd'hui, elle m'attendrissait un peu. Bob m'avait confié un jour que du sang indien cherokee coulait dans les veines de sa mère — c'était l'élément qui différenciait Bob de tous les autres jeune gens « blancs purs » du campus : cette peau un peu plus tannée, moins WASP (*White Anglo-Saxon Protestant*).

Nous avons parcouru le sol dallé de marbre à cabochons noirs d'un ample hall d'entrée pour pénétrer dans le salon, très vaste lui aussi. Tout est surdimensionné dans ce genre de résidence américaine, d'autant plus que l'on est au Texas. Confortable, même si ce n'est pas toujours très beau, avec des canapés de velours bleu fané, remplis de coussins, et des lampes dont les abat-jour en tissu plissé créent une lumière douce. Disséminés aux quatre coins de la pièce, huit à douze invités, au milieu desquels l'épouse de Bob, Kathy, qui ressemblait à ce que je pouvais attendre de la part de Bob. Elle était blonde, grande et lisse, tout sourire, toutes dents dehors, conforme à l'idée que des hommes comme Bob pouvaient se faire d'une épouse convenable, Dallas-compatible, Dallas-chic. Bob aimait les femmes, je l'avais vu fréquenter un motel de putes noires lors de mon séjour de Noël, à Dallas, à dix-huit ans — et, à l'université, c'était celui qui changeait le plus souvent de filles, des *dates*, les plus frivoles et les plus accessibles. Mais un bon garçon de la bonne société de Dallas doit se ranger et il avait donc trouvé Kathy. J'ai oublié presque tous les noms des autres invités (j'ai un vague souvenir de quelques Crawford ou Cahill ou Burrows), mais je me remémore bien leur comportement. Bob avait fait les choses comme il me l'avait promis, choisissant un aréopage représentant, selon lui, un échantillon instructif de la haute société, éloigné du monde des flics et des tenanciers : un banquier et son épouse — un des copropriétaires de la franchise du club de football américain, les fameux Dallas Cow-Boys, et son épouse — un homme âgé, affublé d'une moustache blanche, très bien taillée, posée au milieu de son visage trop bronzé, trop attaqué par le soleil, et sa femme, respectable matrone en robe en forme de corolle, vert et mauve, tous deux « faisant dans le pétrole » — un avocat d'affaires, qui se disait proche de ces mêmes milieux pétroliers, et son épouse — et, pour faire contraste, un professeur d'histoire des religions, attaché à l'université de Southern Methodist, SMU, dont le campus, m'apprit-on, ne se trouvait pas si loin de là : « l'intellectuel de service », avait dit Bob en me le présentant :

— Un cerveau qui ne fonctionne pas tout à fait comme les nôtres, avait-il ajouté à haute voix en désignant les autres couples, provoquant un éclat de rire collectif auquel le prof en question, un grand échalas aux sourcils si broussailleux que j'avais du mal à discerner la couleur de ses yeux, s'était joint de bon cœur.

Nous passâmes dans la salle à manger, aussi imposante que les autres pièces.

— Asseyons-nous et prions Dieu pour le remercier, prononça Bob, soudain solennel, baissant la tête. Il joignit ses mains au-dessus de la table dressée à l'anglaise, avec des sets en organdi broché, des couverts en vermeil, et des verres en cristal de Baccarat. Toutes têtes inclinées, les invités écoutèrent Bob psalmodier une courte prière d'action de grâces dont j'eus l'impression qu'il l'improvisait au fur et à mesure :

— Bénissons et remercions le Seigneur pour nous avoir fait ce que nous sommes, nous avoir donné ce que nous avons, avoir toléré nos mauvaises actions et encouragé nos bonnes. Bénissons-le surtout de nous avoir fait naître sur notre terre de prospérité et d'opportunité, notre bien-aimé Texas. *Amen.*

Toute la table prononça *Amen* à sa suite.

Le service était assuré par quatre Noirs en veste et gants blancs. Les conversations tournèrent d'abord sur les exploits de l'équipe de football, puis sur le futur mariage d'une certaine

Honey Child McDermott, dont la personnalité semblait subjuguer ou irriter les dames, et puis on détailla les projets de construction d'une extension de quelques gratte-ciel de bureaux, qui formeraient une nouvelle *skyline*, et dont les hommes paraissaient beaucoup attendre. Ce serait un *new Dallas* qui s'érigerait sous peu et augmenterait la puissance de la ville, ce qui en ferait LA place financière qui rayonnerait dans tout le sud-ouest des États-Unis. Il fallait définitivement écraser Fort Worth et Houston. On passa ensuite en revue, de façon plutôt sophistiquée, les avantages et les inconvénients d'introduire plus de musique classique dans les études des écoles privées, afin de ne pas tout sacrifier au sport. Une femme évoqua avec enthousiasme la prochaine inauguration d'une galerie d'art près de Hillcrest Village. J'étais surpris qu'à aucun instant, jusque-là, un seul des convives n'ait encore parlé de l'assassinat de Kennedy. Du deuil national, d'Oswald et Ruby, Fritz et Curry, la télé, les funérailles à Washington. Rien. Comme si cela n'avait pas eu lieu.

Je m'exprimais très peu, mais l'épouse du pétrolier, à la gauche de laquelle j'étais assis, finit par ouvrir la brèche :

— Eh bien, Monsieur, qu'avez-vous pensé de notre ville ? Si j'ai bien compris, vous êtes venu pour rapporter sur l'incident, et...

Le professeur de la SMU leva vivement la main, se permettant de l'interrompre sèchement :

— Pardon, chère Lauren, pardon, vous ne

pouvez pas vous autoriser à utiliser un tel mot. Ce n'est pas un « incident », c'est une tragédie.

La matrone, en vert et mauve :

— Mais bien entendu, mon cher, bien entendu.

Et, revenant vers moi :

— Dallas, cher Monsieur, comment allez-vous donc parler de Dallas chez vous ? Vous savez, cet affreux petit communiste qui a tiré sur Kennedy, il ne représente en rien notre ville, en rien ! Nous valons mieux que ce gnome. Il n'est pas des nôtres. Il n'est même pas né ici. Mais à New Orleans, je crois. Et puis il s'est beaucoup baladé, il a même vécu à New York. On l'a beaucoup signalé au Texas, mais il n'est pas des nôtres. Il n'est pas ce que je considère comme un vrai Texan.

Le banquier :

— Rectification, chère Lauren, vous ne pouvez pas dire n'est « pas », mais il n'est « plus » ! Il n'est « plus » là ! C'est fini, tout cela ! Tout est entre les mains de Lyndon, et il va faire du bon boulot, là-haut, à la Maison-Blanche. J'ai une confiance aveugle en Lyndon. Lyndon Baines Johnson ! *Power house !* Ça ne va pas être facile, son cabinet est entièrement composé de kennedystes, mais il saura s'en accommoder, et il faut croire qu'il saura se réorganiser petit à petit. Vous verrez, ce sera un grand président. Ses discours, depuis le début de cette regrettable affaire, ont été dignes et talentueux.

Le professeur :

— Je pense qu'il va vous surprendre, mais pas comme vous semblez le prévoir.

L'avocat d'affaires, qui, jusqu'ici, s'était tu :

— Ah bon ? Que voulez-vous dire, Professeur ?

J'avais remarqué que le membre de la SMU était atteint de ce que l'on appelle un toc — un trouble obsessionnel compulsif. Il portait très fréquemment son pouce et son index sur les broussailles de ses sourcils, et s'évertuait à en arracher quelques-uns, dont, ensuite, il ne savait que faire. Les poser au coin de son couvert ? Il redressa la tête, après avoir fourragé plusieurs fois dans ses sourcils :

— Je pense que notre nouveau président n'aura de cesse de prolonger le remarquable effort des frères Kennedy pour améliorer la lamentable situation des droits civiques dans notre pays.

Il y eut un long silence. Un arrêt sur image. Le magnat du sport, un homme ventripotent au visage sévère :

— Ça peut en choquer certains d'entre vous, mais notre distingué universitaire n'a pas tort. Lyndon a déjà révélé son amour nouveau pour les nègres à Saint Augustine, en mars dernier, en Floride, figurez-vous. Il prend parti pour plus d'égalité. Il a même renouvelé ça à Gettysburg. Ça a surpris quelques-uns d'entre nous, mais personne n'a voulu y prêter trop d'attention. Jusqu'ici, ce sont les frères Kennedy qui ont agi et mis en avant leur volonté d'émanciper les

164

Noirs. Il semble que Lyndon se soit mis à bien les aimer, d'un seul coup, les nègres.

Bob :

— S'il vous plaît, mes amis, s'il vous plaît. Et alors ? *So what* ? Il arrivera ce qu'il arrivera. Ce qui est sûr, c'est que JF Kennedy n'aurait jamais dû venir ici, jamais. Et encore moins son épouse, Jackie. Je pense que nous devons tous respect et compassion à cette femme.

Un « *hear-hear* » parcourut la table, manière anglo-saxonne d'exprimer un assentiment collectif. Et c'était comme si l'on avait appuyé sur le bouton du « chacun s'exprime ». L'explosion spontanée d'une série de phrases entrecroisées, certaines plus audibles que d'autres. Les paroles s'étaient libérées. Chacun lançait son mot, sa réflexion, ses idées, ses versions et ses interjections, et j'avais du mal à tout discerner au sein de ce concert vocal, inévitable au cours d'un dîner. Je n'ai pas pu tout absorber, ça partait de chaque coin de la table en acajou. Mais ils se lâchaient, après avoir joué la comédie de propos mondains ou superflus, voilà qu'ils « en » parlaient enfin. Je n'ai pris aucune note et n'ai retenu, avec le temps, qu'un désordre de bribes, mais je me souviens que c'était essentiellement le nom de Johnson, successeur de Kennedy, qui faisait le plus souvent surface dans ce charivari :

— Droits civiques ou pas, Lyndon continuera de nous préserver notre niche fiscale, vous n'imaginez tout de même pas qu'il va trahir le pétrole.

— Aucun risque !

— Johnson a beaucoup souffert depuis trois ans, surtout à cause de Bobby, ils se haïssent, ces deux-là.

— Johnson a été impeccable, beaucoup de sang-froid, la stature d'un leader.

— Mais il l'a toujours été, leader, au Sénat ! Rappelez-vous et demandez ce qu'il en pense au vieux Sam Rayburn, il vous dira, cet homme est fait du *timber* (bois de construction) avec quoi l'on bâtit les grands présidents.

La voix du professeur recouvrit les autres un court instant :

— Il faudra que la commission qu'il vient de nommer fasse toute la vérité sur l'attentat, car il y a trop de zones d'ombre.

— Quoi ? Des zones d'ombre ? Lesquelles ? Vous plaisantez, Professeur, vous plaisantez. C'est clair comme l'eau du lac Exall, tout près d'ici. On peut y voir les truites batifoler en toute sécurité. Il n'y a pas eu d'opacité, la police a trouvé toutes les preuves. Le type était coupable.

— Ah, dites donc, quand même ! c'était quand même un vrai champ de tir aux pigeons, Dealey Plaza, l'autre jour. S'il n'y avait qu'un seul fusil, alors, c'est qu'il est doué, ce type. Et s'il y en a eu deux, c'est un complot. Allez savoir.

— Mais qui avait vraiment l'envie et l'intention de le tuer ?

— Tout le monde !

— Personne !

Un silence général, comme si chacun cherchait son souffle, à court d'arguments. Et puis, il fallait quand même, aussi, faire honneur à la qualité du repas. Mais bientôt, le brouhaha reprenait à la même vitesse, au même volume des accents qui se mélangeaient, les exclamations des femmes, les grognements des hommes :

— Le pétrole ? Mais il n'y a jamais touché, Kennedy ! C'est de la blague, tout ça. Il a essayé et le Congrès a tout éviscéré, mon vieux, tout dilué ! La *depletion allowance* de 27 % ne sera jamais appliquée — pas plus par LBJ que par JFK, s'il avait survécu.

— Nous sommes des « Titans », comme ils disaient à Washington, et nous le resterons !

Le prof, entre deux batailles, avec ses sourcils brun et gris :

— Vous ne pouvez nier que la nation tout entière ait été choquée au plus profond d'elle-même ! Il existe un grave problème d'armes à feu dans ce pays.

— S'il vous plaît, cher ami universitaire si détaché de la réalité de la vie, ne me parlez pas d'armes à feu. Elles sont très bien là où elles sont, c'est-à-dire entre les mains de chaque citoyen qui veut protéger sa maison, sa famille, sa patrie.

Une voix de femme :

— Moi, Jackie, je l'ai trouvée sensationnellement belle, à la télé, avec ses enfants, nous regardions ça, on en avait les larmes aux yeux.

— Oui, oui, les larmes, vous avez raison, ma chère, on a beaucoup pleuré nous aussi, à la maison — tout le monde était collé au poste. Très réussies, ces funérailles.

— Une réussite pour un échec, ma chère, une présidence brisée !

— Vous verrez que Johnson saura faire oublier cette affaire.

Le prof :

— Vous faites une erreur magistrale. Je suis désolé de vous contredire si souvent, mais c'est un événement inoubliable que nous venons de vivre, inoubliable ! Et LBJ le sait mieux que personne.

— Ah, vous trouvez vraiment ? Ben oui, tout compte fait, vous avez raison, ça va être difficile à oublier. C'est pas bon pour Dallas, tout cela.

Bob voulut reprendre les choses en main :

— Calmons-nous, chers amis, ladies et gent-lemen, mes amis, calmons-nous, on ne s'entend plus. Notre invité est venu de loin, et je ne sou-haiterais pas qu'il nous quitte avec une impres-sion de chaos dans nos propos et, a fortiori, une mauvaise impression de notre ville et de notre État.

La matrone en vert et mauve reprit alors le dessus :

— Mais pourquoi en aurait-il ? Pourquoi, Dieu tout-puissant, notre ami aurait une mauvaise impression ? Tout va bien. Nous sommes tous solidaires. Peut-être notre invité ne connaît-il pas notre chanson préférée : *The Eyes of Texas are upon You* (Les yeux du Texas sont posés sur vous) ?

Et elle se mit à fredonner la chanson, à mon intention, à voix basse, cet hymne de l'université du Texas qui se joue avant et après chaque événement sportif, un air que j'avais déjà entendu le soir, dans la *fraternity* composée exclusivement de Texans, sur mon campus en Virginie. Cette initiative parut souder les invités de Bob. Sans se concerter, sans qu'un seul signal eût été donné par l'un ou l'autre, je vis deux hommes se lever, puis deux autres, leur verre de vin ou de bourbon à la main, pour porter un toast, et chanter, sans élever la voix, de façon presque douce, à l'instar de la dame en vert et mauve :

> *The Eyes of Texas are upon you,*
> *All the live long day.*
> *The Eyes of Texas are upon you,*
> *You can not get away.*
> [...]
> Ne croyez pas que vous pouvez y échapper
> La nuit ou tôt le matin,
> Les yeux du Texas sont sur vous,
> Jusqu'à ce que l'ange Gabriel souffle dans
> sa trompette.

Il n'y avait rien de ridicule dans ce chœur harmonieux et j'ai trouvé sympathiques ces hommes apparemment si sûrs d'eux-mêmes et qui, cependant, avaient adopté un bourdonnement, bouche fermée, de l'air célèbre, oubliant les paroles pour ne conserver que la mélodie, à la façon des mamans qui bercent l'enfant avant de l'endormir. Une vibration qui rassurait, purifiait, unifiait. Ils se sont rassis, souriants, prospères, détendus, effaçant la vivacité toute récente de leurs échanges. Kathy, l'épouse de Bob qui n'avait pratiquement pas dit un mot jusqu'à cette minute, attendait que l'effet des *Yeux du Texas* se dissipe pour prendre le relais :

— Peut-être ton ami, Bob *darling*, ou plutôt notre ami, ne connaît-il pas non plus notre autre chanson, que j'adore : *The Yellow Rose of Texas.*

À son tour, mais toute seule, elle entama le premier couplet :

> *There's a yellow rose in Texas that I am gonna see*
> *Nobody else could miss her not half as much as me*
> [...]
> Elle a pleuré quand je l'ai quittée, j'ai brisé
>   son cœur
> Et si jamais je la retrouve, rien ne nous
>   séparera.

Kathy avait une voix pure, limpide, on sentait les années passées dans la chorale de son collège, les leçons particulières de chant, on écoutait l'accent fin, sans rapport avec le *twang* grossier de la ville basse, mais un accent tout de même, du Texas distingué, instruit, bien soigné, bien peigné. Bob regardait Kathy, son éternel sourire ironique aux lèvres, et fit un geste de sa main, à plat, au-dessus de l'assiette, comme pour dire : « Ça va, chérie, on peut arrêter maintenant. » Elle comprit la subtile injonction de son mari, ses joues s'étaient empourprées sous le fard. Il y eut quelques clap-clap-clap d'admiration : « *Kathy, you're wonderful.* » Ils avaient tous beaucoup bu, et moi inclus. Car j'avais, en un dîner, mis provisoirement à l'écart les sensations suffocantes du monde de la police. La fatigue des jours et des nuits précédents, ajoutée à ce rôle que je m'efforçais de jouer (le gentil petit Français qui écoute et parle peu), et puis le verre de trop. J'avais fait tomber ma serviette et m'étais baissé pour la ramasser sur le sol en marqueterie à la Versailles. La tête me tournait. J'eus alors la vision, sous la table, de quelques paires de bottes lustrées, cirées, alignées comme à la parade, certaines en peau de crocodile, d'autres en daim — mais il y avait aussi des chaussures de ville, tout aussi brillantes.

Au moment où je tentais de cueillir ma serviette, un serveur noir se pencha pour m'aider et j'eus un regard vers lui. Il me renvoya le sien, prudent, neutre, aucune expression. Il recula pour rejoindre un autre serveur, un des quatre qui nous avaient présenté les côtes de bœuf grasses et onctueuses, suivies, plus tard, d'une pyramide de fraises croulant sous la chantilly. Les deux hommes, pendant l'intermède des chansons patriotiques et régionales, s'étaient discrètement effacés le long des vasques de fleurs blanches, situées sous les grandes fenêtres à guillotine. Et je me suis demandé s'ils avaient entendu la courte tirade ambiguë d'un des convives sur Johnson et les « nègres ».

Nous nous sommes retrouvés dans le salon, où les débats ont continué. Le professeur piquait de plus en plus dans ses sourcils, Bob arborait son sourire jamais dupe, et Kathy, que son numéro de chanteuse semblait avoir désinhibée, faisait de plus en plus entendre sa voix, racontant je ne sais quelle anecdote concernant je ne sais quelle réunion prochaine au Country Club. Un quatuor, formé du banquier — pétrolier — magnat — avocat, s'était regroupé à l'écart, comme il est de mise à la fin de tous les dîners, n'importe où, lorsque, de façon tribale et instinctive, les hommes rejoignent les hommes, et les femmes restent avec les femmes. Liqueurs et cigares. Béatitude. Apaisement. Ils parlaient affaires, golf, vacances d'hiver à venir, argent.

Bob m'a raccompagné. Dehors, sur le gravier, un beau véhicule de couleur cuivre m'attendait, un chauffeur noir derrière le volant. Casquette et gants. Je pense qu'il s'agissait d'une Bentley ou d'une Jaguar.

— Ça sera plus agréable qu'un taxi, me dit Bob.

— Tu ne roules plus en Cadillac ?

— Trop voyant, mon vieux, trop parvenu. Mère et moi avons toujours cherché à nous imposer un supplément de raffinement. Et Kathy m'a suivi dans cette ligne, sans difficulté. C'est une femme très bien élevée, Kathy.

— Charmante, ai-je cru devoir dire. Jolie voix.

— N'est-ce pas ? Merci pour elle.

Il faisait froid. Ça faisait vite passer les effets de l'alcool. On pouvait voir des étoiles dans le ciel d'un bleu dur. Bob a entouré mes épaules de son bras droit :

— Ah ! Philippe, j'espère que tu as bien compris.

— Quoi donc ?

— Tu as bien compris, n'est-ce pas, que nous avons, en réalité, tous un peu honte. Mais aucun de mes amis n'a voulu l'admettre devant un étranger. A fortiori, un *newsman*. Tu l'as compris, j'imagine.

Il s'est tu un instant, puis :

— La vérité c'est que ça a été une catastrophe, une tragédie, la violence, le sang, j'ai détesté ça. Mais je vais te dire une chose : on s'en remettra. Moi, j'ai adoré Kennedy. Je ne peux pas trop le dire à voix haute dans notre bonne ville. Il était OK : comme président, il l'a été, sans plus, mais il a fait le métier. Ce que j'aimais beaucoup chez Kennedy, c'est qu'il était sapé comme un prince et qu'il baisait comme un lapin. Bon... le système américain a fonctionné. On s'en remettra, tu verras. Les institutions étaient fortes, plus fortes que tout, et tout s'est bien passé, en fait. Les Soviétiques ont fermé leur gueule, et le monde entier nous a salués. Ils nous respectent. Oui, ça a pas mal chauffé dans le Sud pendant les Kennedy, mais tu verras, là encore, après Martin Luther King qui a démarré tant de choses, et avec ce que fera Lyndon Johnson, ça finira par s'accommoder, se transformer. Ce pays évoluera. Et tu sais pourquoi on s'en remettra, de ce vendredi 22 novembre ? C'est parce que ce pays est fort, tu comprends, mon vieux ? Ce pays est fort. Et ce qui est plus fort encore que ce pays, c'est mon pays, ici. Le Texas.

Il s'est éloigné pour se diriger vers la statuette au milieu des fleurs orange, ce petit jockey noir au bon visage dénué de sourire ou d'une seule expression. Bob a tapoté d'une main sur la tête de la statuette, caressant la casquette du nain en terre cuite.

— Tu vois, lui, c'est celui avec lequel je n'ai jamais de problème. On est toujours d'accord tous les deux.

On ne s'embrasse pas entre hommes, au Texas. Bob Kendall m'a pris les deux mains, les gardant un moment dans les siennes. Il les serrait sans trop de pression, avec une sorte de chaleur dans les paumes.

— *Good night*, j'ai été heureux, *Frenchy*, de te revoir. Surtout essaie de ne pas écrire trop de conneries à notre sujet, quand tu rentreras à Paris. Nous ne sommes pas des gens aussi simples qu'on le croit. Sois prudent sur cette affaire, tu veux bien faire ça pour moi ?

— J'essaierai, Bob, merci pour cette soirée.

— *You're welcome.* Reviens nous voir quand tu veux, tu seras toujours le bienvenu à Dallas, on est très amical, ici.

C'est ainsi que s'était terminé mon dîner chez les riches.

À mon retour à Paris, j'ai dû écrire et dire quelques-unes des « conneries » que Bob m'avait conseillé d'éviter. Aujourd'hui, il faut tenter d'en dire un peu moins.

J'eus plusieurs conversations avec Pierre Lazareff, le grand patron du journal. Il m'interrogea longuement. Il était passionné, il ne cessait de répéter : « Racontez-moi ! » Il avait procédé de la même sorte avec Segonzac. « Adal » avait « couvert » la gravité de Washington, j'avais « couvert » la sordidité de Dallas. Lazareff finit par me dire :

— Quoi qu'il arrive, il faut rester aux aguets. Cette affaire est énorme, mon petit vieux, énorme ! Kennedy passionne les gens, sa femme, Oswald, Ruby, tout cela fascine le monde, et fascine particulièrement les Français, notre public, nos lecteurs. C'est Mayerling, cette énigme, c'est l'Homme au masque de fer. Et ça va continuer longtemps, je vous le jure. Alors, si vous avez un tuyau quelconque, s'il se passe quelque chose pour laquelle vous considérez qu'il faille, à nouveau, partir, n'hésitez pas à me le dire, je vous donne carte blanche.

Voilà pourquoi, à la suite de la publication du rapport Warren, en septembre 1964, puis de sa remise en question, avec les premières publications qui établirent les bases de ce qui devait devenir la culture de la conspiration, et sans compter quelques faits-divers plus ou moins reliés à l'énigme Kennedy qui me poussaient à reprendre l'avion, j'ai été amené à faire plus de vingt fois les allers-retours entre Paris et Los Angeles, Dallas, New York, New Orleans, etc. Je n'en retiendrai que trois courts portraits : le courageux Penn Jones, la sérieuse Sylvia Meagher, l'invraisemblable Jim Garrison.

Au cours de cette partie de mon récit, je propose aussi un choix subjectif de quelques photos — il ne peut en rien rivaliser avec la tonne d'images qui ont paru et vont paraître. (La saga de JF Kennedy et son dénouement inattendu auront été les plus photographiés de toutes les histoires américaines.)

Ce cahier de photos n'a d'autre but que de compléter les séquences du récit, et contribuer, en quelque sorte, au montage du film.

20

Avant de tenter de décrire celui que, parfois, j'ai considéré comme « mon Kennedy » tellement son personnage, son époque ont marqué mes années de journalisme, je veux esquisser trois courtes vignettes, choisies parmi quelques centaines de gens que l'affaire Kennedy entraîna dans la grande culture du complot.

Avec son éternelle salopette en denim bleu et rivets d'acier, avec sa vieille casquette racornie enfoncée sur son crâne et ses cheveux grisonnants coupés en brosse, avec ce masque cramé, cisaillé, labouré par le soleil du Texas, nourri de rides dues aux années de guerre (il avait débarqué à Salerne, en Italie, en 1943 avec la 36e section d'infanterie du Texas et avait participé, selon ses dires, au débarquement en 44, servi en Afrique du Nord, Penn Jones Jr. était sorti de l'armée au rang de capitaine, c'était l'un de ces héros anonymes appartenant à ce que les Américains ont toujours appelé « la plus grande des générations ») — avec, aussi, ses mains calleuses de fils de fermier, élevé à la dure, coupant son bois à la hache pour faire chauffer sa maison, et qui avait pendant la Grande Dépression des années 20-30 connu l'errance des *hobos* (vagabonds) sur les trains de marchandises, avec cette tronche volontaire, cette voix rocailleuse, ces lèvres sévères qui pouvaient fréquemment s'ouvrir pour offrir un sourire complice, suivi, ensuite, d'un rire toni-truant, avec ses lunettes de professeur, ses deux chiens (et ses vingt chats), avec sa femme qui l'aidait dans la fabrication du petit hebdoma-daire de la minuscule bourgade de Midlothian (25 miles de Dallas), qu'il rédigeait, imprimait et vendait en solo — Midlothian, ce bled perdu, quelques rues, des champs de coton aux alen-tours, municipalité dont il était le défenseur des faibles et des opprimés —, avec son parlé rude, pittoresque, inarrêtable et envoûtant, avec sa très courte taille ramassée, coriace, sans un pouce de graisse, avec une énergie confinant à la rage, des coups de gueule et des coups d'ivresse, il était devenu une véritable petite légende vivante.

C'est qu'il recevait toute la presse, la télé, les étrangers (j'ai dû lui rendre quatre fois visite) depuis qu'un magazine célèbre de l'époque, *Ramparts*, l'avait immortalisé en racontant ses campagnes contre tout ce qui était établi, raciste, intolérant, et, surtout, en détaillant sa croisade pour connaître la vérité sur l'assassinat de Kennedy à Dallas. La plus belle anecdote le concernant : celle d'une ruelle mal pavée du quartier noir de sa minuscule commune (1 521 habitants en 1964). Par souci d'économie, la municipalité, pingre, et très blanche, avait utilisé le pire des graviers, bon marché, truffé de vieux clous rouillés, pour combler les nids-de-poule d'une chaussée détériorée, « la rue des Noirs ». L'Indigné Penn Jones Jr. avait alors déterré l'équivalent de 50 *pounds* (22,68 kilos) de ces clous et les avait exposés sur le porche du trottoir en bois, devant les bureaux de son *Midlothian Mirror*, situés dans la rue principale, pour faire honte à tous ces salauds. Son journal critiquait les « aristos », les gros propriétaires terriens, la John Birch Society, une secte très virulente et très influente à l'époque, extrême-extrême droite. Il dévoilait les élections locales frauduleuses, et les prébendes et prérevendications des politicards du coin. Il avait eu droit à un lancer de cocktails Molotov qui avait, en partie, détruit son imprimerie — dont il faisait fonctionner lui-même les machines — et il représentait, au cœur d'une région profondément réactionnaire à l'époque, ce que l'on appelle un « démocrate libéral ». On lui avait décerné la médaille Elijah Parish Lovejoy pour « courage en journalisme » — cet hommage était venu de loin, de l'Illinois, là-haut, dans le Middle West, car malgré le modeste tirage de sa publication, et son rayonnement tellement étroit, Penn avait gagné une réputation quasi nationale. Ils ont un beau nom pour cela : *muckraker* — je dirais « remueur de boue, nettoyeur de fumier, déterreur de scandales ». Il était un archétype, un symbole, une sorte de modèle : le petit contre les grands — la vérité contre le mensonge — Lilliput contre les forces du Mal. David contre le fric, le pétrole, la CIA, le *Joint Chiefs of Staff* (mais oui, selon mon bon Penn, l'état-major militaire des USA avait activement participé au complot pour tuer Kennedy).

Cet homme pugnace et insatisfait, idéaliste et concret, avait toujours eu besoin d'un combat, d'une cause à défendre (la lutte contre le racisme), ou d'une autorité à démolir (la confrérie des gros bonnets de Dallas, les Hunt, les Murchison, les « Titans » du pétrole). Eh bien, il l'avait trouvé, son combat suprême, sa mission. Depuis le 22 novembre 63, Penn Jones oscillait entre les larmes et la fureur, le chagrin — *Forgive my Grief* (Pardonnez mon chagrin) fut le premier de ses ouvrages, édité à compte d'auteur — et la vindicte.

Il n'avait peur de rien ni de personne. C'était un *fighter*, un acharné, un monomaniaque. On eût dit, en le voyant assis dans l'herbe jaune, verte ou ocre — selon les saisons — de sa maison de bois blanc, située non loin de Midlothian, à Waxahachie, caressant l'un de ses chiens (Isa et Balthazar), ou en l'écoutant en ville, derrière son bureau qui croulait sous les volumes

de la commission Warren, une pièce aux murs
constellés de photos de son adoré et vénéré
défunt, John Fitzgerald Kennedy, ou quand il
énumérait la liste qu'il avait établie de près de
cent cinquante morts suspectes de témoins plus
ou moins reliés à l'événement du 22 novembre
à Dallas — on eût dit que Penn Jones représentait à lui seul tout ce qui était devenu ce que j'ai
appelé la « culture de la conspiration ». C'était
sa raison d'être depuis le jour fatal de la mort
de son idole. Il était « en amour » de Kennedy.
Il lui attribuait toutes les qualités d'un grand
leader. Il clamait et écrivait que tout ce qui
concernait Dallas, Ruby, Oswald, n'était que pur
et gigantesque mensonge. Sa litanie. Il avait été
le pionnier, la « conscience », le premier qui,
dès la publication du rapport de la commission
Warren, avait remis en question chaque entretien, chaque conclusion, chaque analyse.

Le *Midlothian Mirror*, qui ne tirait qu'à huit
cents exemplaires par semaine, constituait la
pierre sur laquelle la religion du complot avait
été fondée. C'est de Penn Jones Jr. que tout était
parti. Depuis ce bureau, sur le sol duquel on
avait du mal à marcher entre les volumes de la
commission Warren — écornés, avec des fiches,
des cartons de couleur jaune, le travail d'un
paperassier qui étudiait les textes trois à quatre
heures par jour, convaincu que tout cela n'était
que *cover up*, dissimulation officielle. Armé de
hargne et de fougue, il s'efforçait, sans repos ni
répit, de faire vaciller vos propres opinions :

— Ne viens pas me raconter, me disait-il (lorsque j'étais allé le voir pour « Cinq Colonnes à la une », accompagné de Michel Parbot, un des meilleurs cameramen avec qui j'ai pu travailler), que tu peux croire, sincèrement, par exemple, que Koethe, Hunter, Howard sont morts comme ça, par hasard.

Il faisait allusion à un reporter du *Dallas Times Herald* et à un autre du *Long Beach Press Telegram* (en Californie), qui auraient participé à une étrange réunion dans l'appartement de Ruby, le soir même du jour où ce dernier avait tué Oswald, et qui étaient morts de façon suspecte, selon lui. Il faisait alors dérouler les noms d'autres personnages, hommes et femmes, tous disparus, dans des conditions tout aussi douteuses. Accidents de voiture inexpliqués, crises cardiaques inattendues, coups de feu dans un commissariat de police en Californie, chute d'un peintre en bâtiment à travers sa baie vitrée, curieuse mort subite de Dorothy Kilgallen, une *columnist* célèbre, juste après qu'elle eut annoncé posséder « de quoi faire exploser tout le dossier » — cela n'arrêtait pas, c'était à la fois attirant et tentant, et m'obligea, souvent, à faire des incursions improductives à Houston, Los Angeles, ou autres cités. Il s'avéra, bien plus tard, lorsque toutes les vérifications furent faites, et en toute objectivité, que la fameuse liste des cent cinquante morts suspectes de Penn Jones Jr. ne faisait qu'illustrer ce qui se passe aux États-Unis plus encore qu'ailleurs : on y meurt violemment. De cancer bien sûr, d'attaque au cœur, mais aussi de violence, puisque c'est une terre violente.

Et puis, enfin, comment sérieusement croire, en y réfléchissant un peu froidement, qu'il aurait pu exister une sorte de pieuvre tentaculaire, à l'affût du moindre témoignage mettant en doute la version officielle, et qui aurait, dès lors, dépêché aux quatre coins de l'ouest et du sud-ouest des États-Unis des tueurs patentés pour supprimer, les uns après les autres, année après année, lesdits témoins ? Mais c'était attractif, amusant, sensationnel, cela générait des bons papiers, de bons documents, de la bonne copie. Non que Penn Jones fût un homme malhonnête. Au contraire : il était habité par une immense conviction, une aveuglante certitude, il avait la foi. J'ai rarement rencontré un homme aussi intègre, chaleureux, franc du collier, valeureux dans son attachement aux droits civiques à peine accordés aux Noirs, dénué de toute vanité, mais incapable d'accepter une autre vérité que la sienne. Ses allégations et ses critiques furent les premières, il amorça la grande machine à réviser — à revoir — à contester — qui tourne encore aujourd'hui et tournera, j'imagine, encore longtemps. La vocation de la presse repose sur un mot : le doute, le scepticisme. Penn était le porte-drapeau, le clairon qui sonne la charge, le veilleur, le gardien de cette vocation. Au point de ne plus toujours voir très clair.

On avait beau l'aimer (Parbot et moi trouvions grand plaisir à passer des heures dans l'herbe rousse de Waxahachie au côté de ce lutin, ce loup, ce farfadet, ce phacochère de la brousse texane, ce marathonien de l'enquête, cet explorateur du mensonge officiel, ce démineur, ce conteur espiègle ne supportant pas la contradiction), on ne pouvait, cependant, s'empêcher de lui trouver un très grand penchant pour l'exagération, l'hyperbole, la fable. C'est ainsi qu'il expliqua à une journaliste du *Fort Worth*, Katharin Jones, que l'un des « neuf tueurs » de Dallas, le 22 novembre 1963, avait porté le coup fatal à JFK en tirant sur lui, avec un pistolet 45, depuis une bouche d'aération destinée à drainer les eaux de pluie, et située sur le trottoir d'Elm Street :

— Le tireur s'est évadé par les conduits souterrains, disait Penn avec tout le sérieux du monde.

Cette aberration (proférée en 1990, je crois) n'était peut-être due qu'à l'âge de Penn, et à ses pertes de mémoire. Chaque année, le 22 novembre, il s'était rendu sur Dealey Plaza et il y avait été accueilli presque comme un prédicateur, le prophète de la vérité. Mais Jones, sur le tard, n'avait plus, désormais, toute sa tête à lui. L'auteur de *Forgive my Grief*, dont je conserve précieusement un exemplaire dédicacé, est mort de la maladie d'Alzheimer en 1998, à Alavarado au Texas. Il a été, pendant une partie des années 60, puis 70, l'un de ceux qui ont instillé, l'espace d'une journée et d'une interview, un semblant de doute en moi, à l'époque — mais sans modifier pour autant mes intuitions d'origine. Ce n'est pas pour cette raison que j'ai envie de saluer sa mémoire. C'est l'individu romanesque qui m'émeut. Quand il commençait à évoquer les nuits dans les trains, pendant la Grande Dépression, et comment, avec ses potes vagabonds, il sautait des wagons au risque de se casser les pattes pour échapper aux hommes armés de marteaux qui pourchassaient ces fraudeurs, et n'hésiteraient pas à les cogner quand ils les attraperaient, je croyais entendre du Steinbeck, revivre *Des souris et des hommes, Les raisins de la colère.* Penn était un « original », ce qu'on appelle là-bas *a natural.* Des types comme ça, perdus dans l'immense étendue américaine, l'aridité, parfois le phénoménal ennui des plaines du Sud-Ouest, se battant pour publier chaque semaine une feuille de chou, symbole et synonyme de liberté et de démocratie, j'ignore s'il en existe encore beaucoup sur ce vaste continent. J'ai le souvenir de ses bières et des pains perdus cuits par son épouse, et j'entends encore l'aboiement de ses chiens, la nuit, lorsque nous le quittions, et que, devant sa maison isolée au milieu du vide, il agitait sa main, silhouette émouvante dans sa salopette, avec cette tête de lutteur sous sa casquette fatiguée, tandis que notre automobile se dirigeait vers les routes qui mènent à Dallas, et nous percevions son adieu :

— *Come back, my friends, come back !*

Penn Jones Jr., le démocrate, l'illuminé.

Nota : bien des choses ont changé, au Texas, en un demi-siècle. Un exemple parmi d'autres : une séance de naturalisation de vingt nouveaux Américains (des immigrants latinos, pour la plupart) s'est faite, en juillet 2013, à Dallas. Et ce dans la bibliothèque de George W. Bush Jr., ex-président, avec lequel Barack Obama (premier président noir de l'histoire des États-Unis) a échangé des twitters de connivence. (Bush avait milité pour un assouplissement des lois concernant les immigrations.) Tout a changé ? Tout, ou presque. (On acquitte encore, en Floride, un Blanc qui a flingué un Noir sans raison apparente.) Plus récemment, il y a eu Ferguson, et toute une série de faits soulignant le fossé qui continue d'exister entre Noirs et Blancs, entre une police brutale et raciste et des Noirs bien souvent innocents. L'Amérique n'a toujours pas réglé son problème majeur : l'intégration.

21

Elle s'appelait Sylvia Meagher — du nom de son époux, James. Elle était née Sylvia Orenstein, en juillet 1921 à New York. Je ne l'ai rencontrée qu'une seule fois, mais elle aussi, à sa manière, représente encore, comme Penn Jones Jr., un de ces personnages américains, inconnus des Français, qui ont traversé mes itinérances kennedyennes.

La seule femme de tout ce réseau qui vint à se créer : les *assassination buffs* — traduire : les fanas de l'assassinat. *Buffs*, comme dans l'expression *movie buffs* : cinéphiles, cinglés de cinéma. Il y eut ainsi, à l'origine, dès le premier jour à Dallas, et surtout à la suite de la publication du rapport de la commission Warren (552 témoins interrogés, 888 pages, 26 volumes), ce premier et invisible réseau. Les incrédules. Je pus entrer en contact avec eux (téléphone, courrier — à l'époque, ni mail ni ordinateur) parce que mon nom avait été cité dans le rapport. Et parce que j'avais rencontré Ruby. Je n'étais pas le seul dans ce cas, mais le réseau m'avait plus ou moins coopté.

Sylvia Meagher était une analyste, une chercheuse, employée par l'Organisation mondiale de la santé de l'ONU, à New York. Deux ans après Dallas, en 1965, elle avait publié un livre inestimable : un index complet du rapport Warren qui devint, pour les premiers adeptes de la conspiration, une sorte de bible, un document clé pour tous les universitaires, chercheurs, biographes. Quiconque s'intéressait à l'affaire Kennedy trouva, dans l'index, de quoi nourrir ses théories ou contre-théories. Elle m'avait « indexé », et je ne sais lequel de nous deux organisa un rendez-vous.

— Aussi étrange que ça puisse paraître, m'avait-elle dit, les vingt-six volumes sont parus, dépourvus de tout index. C'est sans précédent. Que l'œuvre d'une commission mandatée par le président des États-Unis puisse être soumise à l'opinion publique sans qu'on lui propose un guide, un vade-mecum, c'était impensable. Impossible de s'y retrouver. J'ai donc tout lu, tout répertorié, tout fiché, tout indexé, afin que, dorénavant, on accède au travail de cette commission de la façon la plus sérieuse possible. Leurs erreurs, leurs inexactitudes, les fausses pistes, leur obsession de cadrer Oswald, et lui seul, comme responsable de l'attentat.

La commission avait été nommée par le président Johnson huit jours seulement après l'assassinat de Kennedy, et il y avait installé, sous la responsabilité du président de la Cour suprême de justice, Earl Warren, un aréopage de gros bonnets — membres de la CIA, membres de la Cour de justice, anciens des grands services publics, respectables et crédibles, hommes établis, incrustés dans le système —, qui devaient, le plus tôt possible, de la façon la plus fouillée et organisée — avec l'aide de tous les services, FBI, CIA, etc. —, définir les responsabilités et identifier le ou les criminels — cela pour rassurer, conforter, apaiser une opinion encore en proie au désarroi.

Sylvia Meagher servait du thé à la vanille, agrémenté de je ne sais quel goût de noisette, dans un petit appartement sobre et immaculé. Je pense qu'il était situé dans Greenwich Village, au bas de Manhattan, mais je n'en suis pas sûr. C'était une femme un peu ronde, au visage très gonflé, presque boursouflé, sans beaucoup de grâce, mais qui dégageait, par l'intelligence de ses yeux verts et la moquerie dans son sourire, une impression d'autorité, de certitude. Léo Sauvage, qui écrivit, lui aussi, un livre sur l'affaire Oswald, devait plus tard dire d'elle :

— C'est la seule personne au monde qui connaisse vraiment tous les détails, tous les « items », cachés dans les vingt-six volumes de la commission.

D'autres écrivains — les premiers contestataires (Mark Lane, Epstein, etc.) — firent toujours référence à ce qu'ils considéraient comme la « Tour », le monument de la vérité, l'immarcescible Sylvia.

Je l'avais félicitée pour ce travail de fourmi auquel elle s'était attelée, seule, utilisant les méthodes et l'expérience d'une vie tout entière dévouée à l'Histoire, la recherche scientifique, l'analyse des chiffres et des statistiques.

Elle tenait les mêmes propos qu'elle avait souvent répétés à tous ceux qui avaient salué son travail :

— Ça m'a pris plusieurs mois, nuit après nuit, mais j'avais été tellement frappée par les contradictions entre les preuves, les témoignages, d'une part, et les conclusions, d'autre part, j'avais si peu cru à la conclusion finale que j'ai commencé à dresser la liste complète des omissions et distorsions, et autres défauts qui démontrent, selon moi, une extrême malhonnêteté. Ou, plutôt, une volonté systématique de faire litière de toute conspiration possible.

Ça lui était venu à la minute où elle avait appris la mort de JFK :

— Scepticisme instantané.

Elle avait dit à ses amis, ce jour-là :

— Vous verrez, on va accuser Oswald parce qu'il était favorable au communisme.

C'était une femme de gauche. Militante. Elle considérait qu'on avait accumulé trop vite les preuves (empreintes, fusil, mort de Tippit, etc.) à l'encontre d'Oswald. Son travail, pour créer cet index de 152 pages, fut suivi d'un autre livre, en 1967, qui lui avait valu une stature supplémentaire de grande prêtresse de l'affaire. Ces travaux, ces deux ouvrages, furent tellement pris au sérieux que le HSCA — *House Select Committee on Assassinations,* le comité parlementaire qui, en 1975, devait procéder à une deuxième révision des événements de Dallas — en fit l'un de ses outils de référence et de recherche. Plusieurs de ses membres assurèrent que cette œuvre leur avait servi de boussole. Comme on sait, elle aboutit, après trois ans de travaux, à une conclusion très prudente, mais n'excluant pas la « probabilité » d'un complot. De même on oublie que plusieurs membres du HSCA étaient, avant même d'entamer leurs enquêtes, persuadés qu'il y avait un complot. L'impartialité du HSCA n'est pas évidente.

Orgueilleuse, sûre de son fait, et l'argumentant, certes, avec passion, mais aussi avec cette mécanique cérébrale qui vous forçait à l'écouter avec sérieux, Sylvia concédait, entre deux démonstrations :

— Je ne suis qu'une analyste, une critique, enfermée dans mon bureau. Vous, vous étiez sur le terrain, avec d'autres. Qu'avez-vous donc vu et compris ?

Elle voulait tout savoir sur Ruby dans les couloirs — Oswald et ses silences — les flics — l'atmosphère de Dallas. Je tentais de lui répondre. J'étais prudent, hésitant, comme je l'ai fait de façon sporadique, entre telle ou telle théorie. De son côté, Sylvia n'était habitée par aucun doute, aucune hésitation. Ses convictions politiques, son idéologie avaient transformé son labeur pour fabriquer cet index et rédiger ses

Accessories after the Facts, qui suivirent. C'était une opposante farouche à tout ce qui, selon elle (extrait de sa préface), faisait « les victimes innocentes d'une société qui inflige l'indignité, l'emprisonnement et même la mort aux obscurs et aux démunis ». On était loin, dès lors, de Dallas. En vérité, Sylvia pouvait utiliser des termes d'une grande véhémence tout en sirotant son thé, avec son allure de dame bien rangée, mais s'exprimant en pasionaria, affirmant que le climat de son pays, la veille de l'assassinat, était alourdi par le racisme et la violence, et que cela n'avait pas disparu, malgré quelques courts moments de deuil national. Pour elle, la société américaine dérivait tout droit vers le fascisme, l'intolérance, et subissait la domination des forces de l'argent qui, entre autres complices, avaient contribué à faire tomber Kennedy. Elle avait, pourtant, une idée fixe :

— Ce sont les exilés anticastristes qui ont tué notre Président, disait-elle d'un ton qui n'admettait aucune réplique. Aucun doute là-dessus.

Moi :

— Mais alors, il ne s'agit pas de ces forces maléfiques du Mal américain dont vous parliez il y a un instant ?

— Tout est mêlé, tout se tient. Ils n'étaient pas seuls.

— Il ne s'agit pas, lui dis-je, comme l'ont prétendu certains, des Texans, de la CIA ?

— Non, non, encore que... tout doute est permis. J'avance peut-être trop cette idée des anticastristes. Après tout, un scientifique ne devrait pas tomber dans la partialité.

Il y avait un petit guéridon proche de son bureau principal, bureau sur lequel reposaient des dossiers soigneusement empilés les uns sur les autres — tout respirait, chez elle, l'ordre, la méticulosité, la rigueur. On pouvait aisément mesurer, en parcourant la pièce où elle travaillait, la somme de labeur désintéressé qu'elle avait accumulée. Sur le rebord du guéridon, j'aperçus une photo en noir et blanc, le portrait d'une Sylvia à peine reconnaissable. À l'époque, elle devait avoir dix-huit, vingt ou vingt-cinq ans — elle ne ressemblait pas à ce que le travail du temps qui passe avait pu faire d'elle. La photo livrait un ovale presque parfait, des yeux en amande surmontés de longs sourcils, une bouche sensuelle, un visage très fardé avec un air de séduction, quelque chose de langoureux, empreint d'une certaine mélancolie, quelque chose de slave dans ce qu'envoyaient ces yeux éclairés d'une lumière fragile. Elle avait donc été belle, au temps de sa jeunesse. Au moment de la quitter, je tendis un doigt vers la photo, sans poser de question. Elle eut un sourire furtivement triste et me dit :

— C'était autrefois.

Puis elle reprit son air courtois et assuré, pour m'accompagner jusqu'à la porte de l'appartement. Elle me remercia, m'assura qu'un jour la vérité serait faite. Elle hésita, puis, en se retournant et en regardant la photo, elle lâcha ces mots :

— La vie se charge de vous détruire.

J'ai été incapable de lui répondre. Mais peut-être n'attendait-elle aucune réplique. Plus tard, lors de sa disparition (en 1989, à l'âge de soixante-sept ans), je pus lire qu'elle avait, un jour, brièvement évoqué son mariage. Dans les mêmes notices biographiques, j'ai revu ce portrait, qui incarne sa jeunesse inconnue, et figure dans les quelques textes la concernant. On y rapporte, aussi, qu'elle confia avoir épousé, très jeune, son propre professeur du Brooklyn College. Or cet homme était un alcoolique invétéré, incorrigible, et Sylvia avait confessé, une seule fois, à je ne sais trop qui (ces propos furent repris dans sa bio) :

— Ce fut une tragédie. Il était admirable, talentueux, une sorte de poète, mais il n'a pu ou su résister à son addiction. Il n'a même pas essayé. Il a abandonné.

Ces quelques mots venus de l'au-delà de Sylvia Meagher m'ont fait réfléchir. Elle n'avait jamais raconté sa vie à qui que ce soit — en tout cas à quiconque aurait voulu la reconstituer — et n'avait livré que quelques bribes de sa vie réelle, intime. Pas celle de l'industrieuse qui s'était plongée dans les vingt-six volumes pour oublier, peut-être, ou combler, le vide de cette existence, pour combattre et faire fuir les mauvais souvenirs, chasser les mouches noires de son propre enfer. Tout gamin que j'avais pu être, le souvenir de ce sourire triste, soudain, à la fin de notre heure de thé à la noisette (ou était-ce à la vanille ?) avait persisté. J'oubliais et j'oublie encore plus aujourd'hui les controverses autour du rapport Warren, tout l'extraordinaire et maniaque travail de cette femme méconnue, dont le nom va certainement resurgir, aux USA, à l'occasion du cinquantenaire, pour ne retenir que les mots murmurés, dans un court et rare instant de franchise, comme on arrache un masque ou l'on déchire un voile :

— La vie se charge de vous détruire.

Comme Penn Jones, et à sa manière, Sylvia Meagher reste dans ma mémoire comme un être entier, monolithique, incapable de relativiser, attaché à une seule et dévorante passion — la poursuite de la vérité. Mais je me suis souvent demandé si l'autre Sylvia, l'autre vie, l'autre femme n'étaient pas, en vérité, plus passionnantes et plus romanesques que ce que l'on peut deviner à travers les résumés froids et objectifs d'aujourd'hui.

Sylvia, la rigoureuse, la raisonneuse. Le contraire parfait de mon prochain personnage — le troisième portrait de ceux qui ont figuré dans l'immense galerie des seconds ou des premiers rôles. Penn, Sylvia sont quelques-uns des milliers de protagonistes du Roman Kennedy — le plus saisissant de tous, puisque ce n'est pas un roman.

22

— Il est où ? Il est où, Garrison ?

On était fin février 1967, et à New Orleans, la chasse au Garrison était lancée. Rendez-vous compte : un DA (*District Attorney* — un procureur), personnage officiel, personnage élu du peuple, homme public, avait lancé une enquête sur la mort de Kennedy et prétendait qu'il allait tout, mais tout ! résoudre. Éclaircir. Dévoiler. Faire péter la chape de plomb de la commission Warren. Nommer les coupables et les traduire en justice. Émoi dans les rédactions du monde entier — envoyant leurs limiers, leurs spécialistes de l'affaire, comme des troupeaux, par douzaines. Pour rejoindre les tribus de *newsmen* américains, la presse locale, nationale. Un confrère, Martin Waldron, du *New York Times,* m'avait prévenu à Dallas, lorsque j'y étais revenu pour assister, pour le compte de mon journal, au troisième anniversaire du 22 novembre. Il m'avait dit :

— Y a un type à New Orleans qui va faire tout exploser. Ça mérite qu'on y aille.

J'ai cru parfois retrouver l'atmosphère de Dallas. Les couloirs du bureau de Garrison étaient à peu près aussi encombrés que celui du commissariat, quatre ans plus tôt, puisque chacun voulait obtenir une déclaration du DA. Et tout le monde en eut, d'ailleurs, à un moment ou à un autre, car Garrison était intarissable. Il adorait la scène, les médias, la formidable attention qu'il avait créée en contredisant la commission et en annonçant des révélations sensationnelles. Rendez-vous compte ! Un DA d'une ville d'importance et qui savait tout ? Quelle aubaine ! Encore une fois, avec la chance, je suis rapidement tombé sur lui. Un clerc de justice, qui traînait dans le couloir, me confia :

— Il n'est pas très difficile à trouver, le DA. Mais c'est pas ici. À cette heure-ci, il déjeune toujours dans les meilleurs restaurants. Essayez les plus huppés, les plus connus. Vous êtes sûr de le trouver.

On m'avait donné trois ou quatre adresses. Après *Antoine's*, après *La Louisiana*, après le *Playboy Club*, et le *NOAC*, me voici au *Commander's Place* (un des plus vieux de la ville, fondé en 1880, spécialité de soupe de tortue arrosée de sherry). J'arrive et l'on me désigne immédiatement du doigt une table à laquelle est assis, entouré de quelques hommes vêtus de noir, Garrison lui-même. Nappe blanche, verres de vin, on est au café, on est même au pousse-café et aux cigares. Une sorte d'empereur trône au milieu de sa cour de sycophantes.

Garrison dominait la scène, de la taille et de la voix. On l'appelait *Big Jim,* le « Géant », il mesurait près de deux mètres. Il avait un timbre de baryton, un fort accent de Louisiane, une belle gueule, une grande gueule, de l'abattage, de l'allure, et l'on pouvait aisément comprendre, à la simple écoute de son éloquence et au seul spectacle de ses grands bras moulinant l'air, dans la salle du *Commander's Place,* dont les autres clients restaient interloqués par son manège, on pouvait comprendre qu'après un premier échec il ait gagné, dans cette ville où l'on aime les bateleurs, les « faiseurs de pluie », les bonimenteurs, les « flamboyants », non seulement une position de procureur, mais aussi une réputation. Celle d'un homme qui ne s'embarrasse pas de scrupules lorsqu'il veut résoudre une enquête, et faire tomber, en particulier, les réseaux de prostitution — ce qui lui valut, à ses débuts, intérêt, sympathie, bonne renommée. Son arrogance, sa propension à accuser sans preuves, son comportement d'éléphant dans le magasin de porcelaine de la justice locale, bousculant les institutions et l'establishment de la ville, lui avaient valu beaucoup d'ennemis. Il se querellait avec ses confrères, avec les juges qui critiquaient sévèrement la gestion dispendieuse de ses budgets, mais son bagout et sa démarche, son occupation de l'espace, son talent pour captiver un auditoire de télévision (car il savait faire

— c'était un comédien, un histrion, un redoutable manipulateur) lui avaient valu une belle réélection en 1965 (60 % des votes). Il ne se vantait guère (et tout le monde semblait l'ignorer) d'avoir, dans sa jeunesse, été exclu de l'US National Guard pour cause de « sévère psychonévrose », considérée, à l'époque, comme une « incapacité modérée à l'adaptation à la vie civile ». On le disait généreux et dépensier, il avait déjà brûlé 8 000 dollars de frais pour une enquête clandestine sur l'affaire Kennedy, et c'était une journaliste du cru, d'un petit journal régional, qui avait découvert le pot aux roses, faisant ainsi savoir au monde qu'il y avait, à New Orleans, un homme capable de magnifier, amplifier, toute la culture de la conspiration et qui prétendait que rien ne pourrait entraver sa croisade.

Il m'accueillit avec un large sourire, s'exclamant d'emblée qu'il connaissait très bien la littérature française et qu'il avait tout lu (Hugo, Camus, Hugo encore !, en fait il ne citait que Victor Hugo) et me félicitant pour ma célérité à l'avoir débusqué dans ce restaurant. Il tenait une pipe à la main, la fourrant dans sa bouche sans fumer. Il dégageait une sensation d'importance, faisant du volume, fabriquant de l'air, ne souffrant aucune interruption de ses tirades.

— Tout le monde me cherche, certes, mais

rassurez-vous, je vais parler à tout le monde. Qu'est-ce que vous faites en ce moment, à cet instant ? Je dois repasser par chez moi, si vous voulez qu'on parle, vous n'avez qu'à m'accompagner, montez dans ma voiture, on pourra un peu discuter.

Tenais-je donc un scoop ?

J'ai tout entendu, tout et n'importe quoi à l'arrière de sa voiture, une grosse Mercury noire conduite par un type au nom imprononçable. Comment il avait remonté, avec ses limiers (il avait augmenté son staff de nombreux avocats, d'enquêteurs privés, flics en congé, demi-soldes de l'investigation privée), toute une filière d'« homosexuels » comme étaient, selon lui, Oswald et Ruby. Tout tournait autour du témoignage d'un certain David Ferrie qu'Oswald avait connu — lequel Oswald était, toujours selon Garrison, à la fois un « participant au complot mais aussi un leurre et une victime ». Les témoignages de Ferrie, puis de quelques autres, dont celui d'un certain Russo et d'un certain Andrews, l'avaient conduit à identifier un groupe, dont l'un des membres, en dehors de Ferrie, avait décrit des réunions secrètes, des serments (« *Kill Kennedy* »), des voyages ambigus, des liens équivoques, bref un faisceau d'hommes et de présomptions qu'il vous assénait en décrivant ses nuits sans sommeil, ses interrogatoires (dont un ou deux d'entre eux, on devait l'apprendre, furent conduits à coups de Sodium Penthotal). Je tentais de noter quelques mots dans ce flot d'affirmations péremptoires, ces phrases définitives :

— Nous savons tout. Qui a fabriqué quoi et dans quelle ville ça s'est passé et combien de villes sont impliquées.

— Des villes ?

— Que croyez-vous ? Il y a énormément de monde dans cette affaire. Et ils menaceront, sans doute, de me tuer mais leur seul salut sera qu'eux-mêmes ils se tuent.

Nous nous arrêtâmes devant le porche de sa belle maison à colonnes banches, typique de l'architecture du *Deep South* — le Sud profond. Il insista pour que je prenne une photo de ses enfants afin d'illustrer mon article « à l'intention de la grande presse française ». Je n'avais aucun appareil.

— Ça ne fait rien, on va vous chercher un Polaroïd.

En bras de chemise, son pistolet à la ceinture, deux blonds bébés à ses côtés, sa blonde femme à son bras, Jim Garrison prenait la pose pour la postérité. Il me fit ensuite déposer en ville et je devais, dès lors, suivre les séquences les plus folles de sa croisade soit sur place, soit depuis Paris. Tout cela aboutit, un jour, au procès de Clay Shaw (en 1969), cinquante-quatre ans, célibataire, un grand homme aux cheveux gris, une silhouette bien connue des cercles sociaux et d'affaires de la ville. Eh bien, selon Garrison, c'était lui, le grand instigateur ! Il avait des liens

avec la CIA ! Il avait tout concocté. La presse de
New Orleans émettait quelques réserves :

— Tout ça n'est pas tellement sérieux, ça
va exploser. Garrison va se planter, il court au
désastre.

Ce fut le cas. Il ne fallut pas plus de quarante-
cinq minutes pour que le jury, assemblé pour le
procès que Garrison avait intenté à Clay Shaw,
acquitte ledit Clay Shaw. Ce qui n'empêcha
pas Garrison de conserver son poste de *District
Attorney* jusqu'en 1973 et, surtout, de devenir
l'un des invités les plus recherchés des talk-
shows télévisés au cours desquels il continuait
de développer ses thèses, antithèses, ses versions
de la grande conspiration. Il signa plusieurs
livres. Je n'ai pas pu tout suivre de son invraisemblable parcours, mais j'ai dû faire plusieurs
allers et retours à New Orleans.

Avoir rencontré Garrison, l'avoir écouté à
l'arrière de sa voiture de fonction, débitant
ses énormités de façon à la fois intelligente et
maligne, car c'était un prestidigitateur, un
manipulateur, un séducteur, avoir observé cet
homme si imbu de sa personne, gonflé de la
certitude de ses découvertes, cette fantastique
baudruche devant laquelle, ahuris ou ravis, les
habitants de New Orleans s'agenouillaient sans
trop, cependant, y croire, tout en cultivant leurs
propres fantasmes — avoir été, ne fût-ce qu'au
cours d'une heure, aux côtés de ce personnage,
m'avait rendu tout de suite sceptique. Quelque
chose de faux exsudait de ce matamore du Sud.

Mais, cette année-là, un sondage Gallup avait mesuré que seulement 36 % du public américain croyait à la thèse de l'assassinat commis par un seul homme. Alors, tous les *assassination buffs* étaient descendus à New Orleans, une nuée d'abeilles sur des pots de miel. Mon pauvre et cher ami Penn Jones Jr. avait été recruté. On voyait apparaître des personnages étranges, des imposteurs, des zigotos, des menteurs et, bien entendu, les Mark Lane et les Epstein, auteurs des premiers livres conspirationnistes. En réalité, Garrison était arrivé à point nommé pour entretenir cette impression générale, et livrer à la bête médiatique de la bonne viande, du bon ravitaillement, de la chair fraîche, du grain à moudre. Avant que tout se termine en un flop de haut calibre, Garrison avait tenu des propos démentiels lorsqu'il faisait face à certains reporters. Par exemple :

— Ce fut une opération nazie, dont les sponsors étaient les milliardaires du pétrole du Texas.

Ou à un autre, James Phelan, qui l'avait longuement suivi jusqu'à Las Vegas (que faisait donc Garrison à Vegas ?) :

— Ce fut une tuerie d'homosexuels cherchant une extase (*thrill-killing*). Avec, en plus, leur excitation de pouvoir commettre le crime parfait. JFK était viril et David Ferrie ne l'était pas. Regardez bien les protagonistes. Clay Shaw ? Homo ! Ferrie ? Homo ! Ruby ? Homo ! On l'avait même surnommé à Dallas « *Pinkie* » — « le rosé ». Oswald ? Impuissant et sans doute bisexuel.

Enfin, à d'autres encore :
— La CIA ! La CIA a tout organisé !

C'était de la blague, tout ça, du roman-feuilleton. J'en avais rempli les pages de mon journal, pour peu de temps, mais il y avait, autour de Garrison et de toute cette grotesque mascarade, une telle somme d'incrédibilité, un tel brouillamini, un tel panorama de personnages bidons, témoins truqués, seconds rôles de pacotille, que je n'ai jamais cru à ce démagogue, ce mythomane, ce paon, ce faiseur de vent, ce marchand de chimères, ce baratineur en proie au délire d'une enquête menée de façon brutale et incohérente, avec l'aide d'une équipe dévouée à son grand homme mais dont les plus finauds comprirent rapidement qu'il valait mieux l'abandonner. Car il était, en outre, para-noïaque, colérique, et il continua de l'être tout au long de son existence — Don Quichotte sans logique, agitateur ébouriffant autant qu'ébou-riffé, n'agissant et ne bougeant qu'au seul ser-vice de son monstrueux ego.
Mais, comme pour tous ceux qui l'avaient rencontré, il m'avait intéressé, précisément, par cette démesure — sa folle certitude, ses délires et ses affirmations. Il y avait, aussi, une autre chose, déjà notée par la presse locale, et qui fai-sait froncer le sourcil : à aucun moment de son travail sur Dallas, pas plus que tout au long de

ses dix ans de fonction comme DA, Jim n'avait parlé, jamais ! de la Mafia. Cuba ? CIA ? Johnson ? Les brigades noires de la CIA ? Tout ce que vous voulez, mais la Mafia, jamais ! Le « parrain » le plus important de New Orleans et de tout le Sud s'appelait Carlos Marcello. Il ne fut jamais cité par Garrison, ni avant ni après l'affaire Clay Shaw. Le vertueux *District Attorney* devait même faire annuler, au cours de ses deux mandats, quatre-vingt-quatre actes d'accusation à l'encontre d'associés du *Godfather* Marcello. Et quand on l'interrogeait à propos de ce véritable mafieux, cet authentique gangster (en qui, même, de nombreux analystes ont cru voir, associé à Santos Trafficante, le vrai instigateur de l'assassinat de Kennedy à Dallas), Garrison bottait en touche :

— Marcello ? répondait-il. Mais c'est tout simplement un homme d'affaires, un simple businessman local.

Il fut établi au cours de ces mêmes années 70, après le fiasco du procès Clay Shaw, que Garrison avait pactisé avec Marcello et ses hommes. Corruption, attaques, procès. Un nom apparaissait fréquemment, celui d'un certain Pershing Gervais, un ancien flic, viré de la police de New Orleans pour avoir volé de l'argent saisi chez des malfrats. Étrange personnage que j'ai vu pendant toute une matinée dans un banal *diner* de Bourbon Street, y tenant une sorte de cour. Saint Louis sous son chêne. Spectacle unique. Cet homme aux cheveux d'un blanc jaunâtre, mastoc, un gros nez, un teint blafard, assis sur une banquette en cuir rouge, fumait clope sur clope et buvait café sur café. Étrange manège : on voyait arriver des hommes, qui s'asseyaient ou restaient debout face à Pershing, et ils lui tendaient des petits bouts de papier qu'il lisait ou bien repliait, les accumulant sous son coude — en marmonnant parfois quelques onomatopées :

— OK. Plus tard. À voir.

J'assistais, en réalité, tout bonnement, à ce qui formait une sorte de relais de poste de la Mafia locale. Pershing Gervais était l'intermédiaire. Il recevait requêtes ou paiements de dettes. Et les petits papiers étaient, ensuite, sans doute, transmis à l'intention des vrais barons du système. Jim Garrison avait négligemment parlé de la « station » que Pershing Gervais dirigeait dans son *diner*. Je n'avais pas saisi le sens du mot « station ». Ça voulait dire que Gervais était une sorte d'aiguilleur de trains clandestins, les dirigeant vers des destinations secrètes. La « station » de Gervais m'a fasciné... Je suis revenu le lendemain matin pour lui demander, en me faisant valoir de ma relation avec Garrison, si je pouvais entrer en contact avec un membre du monde souterrain. Il m'a regardé, il a souri, il m'a dit :

— Et pour quoi faire ?

— En vérité, c'est pour savoir si Jack Ruby a appartenu à vos familles. S'il a été le *hit man* de Carlos Marcello.

Gervais a tiré sur sa cigarette, jouant avec ses petits papiers pliés entre ses doigts.

— Vous y allez un peu fort, Monsieur. Mais vous perdez votre temps. Ruby était un zéro. On ne traite pas avec ce genre de mec dans nos familles.

Puis, me regardant de ses yeux rougis par la fumée de ses clopes et avec une intonation de menace dans la voix :

— On ne parle pas comme ça de Monsieur Marcello.

Pershing Gervais a eu un destin rocambolesque. On l'a signalé beaucoup plus tard au Canada. Il avait dû, apparemment, y être exfiltré par les forces fédérales, car il avait probablement servi de « témoin retourné » par le FBI, ce qui, par conséquent, le mettait en situation d'être exécuté par ses anciens partenaires. Entre autres exploits, il avait trahi Garrison, révélant des versements occultes. On dirait du Coppola, du Scorsese, n'est-ce pas ? Mais c'était du réel.

Garrison a bousillé, saboté, le dossier « On a tiré sur le Président ». Farce, parodie de justice, imbroglio abracadabrantesque, abysse, équivalent du carnaval de Mardi-Gras de New Orleans, quand chacun se travestit à plaisir — une ville riche en turpitudes et fantasmes, mais aussi berceau du jazz, sublime musique qui fit vite oublier à ses habitants les mensonges du DA — ville illustre et meurtrie, puisqu'un ouragan nommé Katrina la prendra d'assaut en 2005, submergeant pour toujours, dans sa mémoire collective, le nom du piètre procureur.

Le bilan de Jim Garrison est désastreux. D'abord, il a ruiné la vie de Clay Shaw, qui mourra d'un cancer en 1974, brisé par les insupportables épreuves que lui fit subir le DA mégalomane. Ensuite, au passage, Garrison aura totalement décrédibilisé ceux qui avaient sérieusement travaillé à l'affaire — dont Sylvia Meagher, qui n'eut, pour Garrison, que des mots très sévères :

— Il a démoli toute l'approche universitaire et scientifique des vrais chercheurs.

Enfin, et surtout, c'est Jim Garrison et sa lamentable parodie de justice, ses interminables affabulations (il les proféra jusqu'à sa mort, à soixante-dix ans, en 1992), qui ont inspiré Oliver Stone pour tourner, produire et distribuer *JFK* (1991), un film basé sur la délirante enquête de l'escogriffe de New Orleans. Ce film faisait de Garrison un honnête homme à la poursuite de la vérité. L'acteur Kevin Costner a incarné Garrison à l'écran — et à partir de l'instant où une telle star de cinéma devenait la fausse représentation d'un allumé pour se figer en héros vertueux, chevalier sans peur et sans reproche, tout a été faussé, tout ! Le film a, selon moi, définitivement brouillé les cartes. Car, pour les millions de spectateurs de *JFK* (qui est, par ailleurs, un long métrage fort bien construit, habile, malignement ficelé, avec du

209

suspense, un vrai thriller, mais une évidente œuvre de politique-fiction, qui mélange tout et remue faits et rumeurs, comme on agite le shaker d'un cocktail), Oliver Stone a imposé une vision artificielle que les gens prirent pour une vérité historique. En réalité, il a injurié l'Histoire. Il faut l'écrire, ici, sans hésiter : le film de Stone, ce n'était que du cinéma — une sacrée tromperie. Les publics du monde entier l'ont avalé comme la vérité révélée. À cause de Stone, on a tout confondu, et cela n'a fait que nourrir un peu plus l'industrie du conspirationnisme. La métaphore cinématographique a contribué à l'entretien du Mystère.

Penn Jones Jr., l'illuminé, Sylvia Meagher, la dogmatique, Jim Garrison, le parano — trois Américains tellement dissemblables, et, cependant, leur vie et leur destin ont tourné autour du même nom, du même homme, celui de l'Américain suprême, « mon Kennedy ».

23

La première fois que j'ai vu JFK, j'ai pensé :
— Comme c'est curieux, il est roux !

Le rapport d'autopsie du 22 novembre 1963, à 20 h 00 — heure Eastern Central — signé du commandeur J J Humes, de l'US Navy, document numéroté A63-272, donne les indications suivantes :

Profession : Président des États-Unis.
Âge : 46.
Sexe : Mâle.
Race : Caucasienne.
Taille : 6 *feet* — 2,5 *inches* (1,82 m).
Poids : 170 *pounds* (77 kg).
Yeux : Bleus.
Cheveux : Brun rougeâtre (*reddish brown*).
Cause de la mort : Blessure par balles — tête.

Ils n'étaient pas réellement « brun rougeâtre », les cheveux, mais *sandy* — c'est-à-dire de couleur sable. Un sable tournant vers l'ocre mélangé à du bistre, du sombre, étrange combinaison de couleurs — un sable composite, comme on n'en trouve sans doute sur aucune plage. Et cela m'avait frappé, parce que, jusqu'ici, comme beaucoup de gens, je l'avais plutôt vu (films et photos) en noir et blanc. Mais voici qu'il était là, vivant, *live* comme on dit aujourd'hui, tel que je le découvris, alors qu'il entrait dans la salle de presse de la Maison-Blanche, provoquant un frémissement, une irradiation, une vibration de curiosité intense, ce si célèbre Kennedy, avec cette chevelure drue, méchette courte sur le front qu'il relevait parfois de la main, ce qui attendrissait les mères de famille américaines. La « sablité » n'était qu'une arme de plus dans sa panoplie d'atouts pour se gagner un public, fût-il composé de vétérans du journalisme, toujours prêts à contester tout pouvoir et combattre toute tentation d'être séduits.

Charme est un mot trop faible pour décrire l'effet provoqué par Kennedy. On a parlé, aussi, de charisme. Clichés, tout cela — ressassés, répétés, imprimés depuis des décennies. Il faut revenir à plus de détails, plus de chair et d'os, plus de tissu, plus de concret. Ce que j'ai vu de lui dépassait amplement ces termes. Il possédait cette mystérieuse particule qu'on appelle le magnétisme, c'est-à-dire la faculté de fabriquer du silence, à peine avait-il pénétré quelque part. Il est vrai que cette sensation d'électricité est inhérente à la fonction présidentielle. De même, tous les rites, gestes, formules qui entourent le comportement et le déplacement de l'occupant de la Maison-Blanche contribuent à cette supériorité sur ceux qui attendent et regardent. L'attractivité du pouvoir suprême ne se limite pas à une silhouette élégante. L'Amérique avait déjà connu des présidents qui n'avaient pas l'allure *handsome* (beau gosse) du quadragénaire irlandais et qui, cependant, de la même façon, figeaient une salle, à peine l'avaient-ils investie. Avant lui, Roosevelt, Eisenhower, après lui, Reagan, Clinton, Obama dégagèrent cette même impression de maîtriser un auditoire, le captiver. Sauf que... Kennedy, c'était autre chose. Il était plus beau que n'importe lequel d'entre eux.

Et que l'on ne me reproche pas d'entamer son portrait (si incomplet qu'il puisse être) par l'aspect physique. Ça ne veut rien dire, « le physique ». Un corps, un visage, une gestuelle, ce n'est pas seulement une enveloppe. Tout est lié. Ce que l'on a défini comme le *body language* (le langage du corps) n'est pas une formule gratuite. Lorsque le corps parle à ce point-là, cela signifie que nous sommes confrontés à une conjonction, une harmonie, une combinaison heureuse dues au mystère du sang (ce que l'on a reçu, les gènes) et au mystère de l'être (l'expérience, l'intelligence, l'instinct). Une sorte de petit miracle — et l'on verra pourtant, plus tard, à quel point ce « miracle » dissimulait manques et blessures, masques et doubles jeux.

Serge Gainsbourg a chanté la « beauté cachée des laids ». Kennedy avait la beauté évidente des beaux. Tout était bien proportionné. Le nez, à peine relevé, laissait deviner un semblant de mutinerie, de malignité, évoquant ainsi ses années d'adolescent lorsque, désinvolte et déconneur, il égayait ses camarades de collège, ses copains de football, affolait ses parents à la lecture de rapports scolaires qui soulignaient son insouciance frondeuse, son goût pour les blagues et les pièges qu'il dressait aux autres, et quand il faisait déjà tomber les filles, au cours de ce que l'un de ses biographes appela une « *reckless youth* » — une jeunesse sans interdit, irresponsable, quasi sauvage. (L'adjectif *reckless*, dont il ne pourra pas se défaire, même et surtout, peut-être, devenu adulte.) Il y avait du gamin au bout de ce nez, du *Huckleberry Finn*, le héros de Mark Twain, du Peter Pan. Mais le reste du visage semblait tout aussi dépourvu de défauts, lacunes ou contrariétés. Celui d'un adulte aux lèvres bien dessinées, gourmandes sans excès, équilibrées. La supérieure un peu plus large, avec un V au milieu, sensuelle. Le menton, bien carré. Les mâchoires, bien construites. Les oreilles, bien collées. Le front, ni trop étroit ni trop large. Les rides, encore peu tracées, mais trahissant celles d'un homme qui lit, qui réfléchit. Des yeux, que le rapport

A63-272 d'autopsie pratiquée à Bethesda, le soir de l'assassinat, qualifiait de bleus, mais qui viraient au violet lorsqu'il s'apprêtait à séduire, ou au gris acier lorsque, selon son frère Bobby, les choses allaient mal. Et puis, le sourire. Le « *million dollar smile* ». Cet homme étincelait. Il y avait comme une lueur presque incandescente autour de sa tête et sa posture, son maintien, la variété infinie de ses expressions faciales, corporelles. On peut parler d'une « aura ». Il était solaire. Un de ses voisins, journaliste et ami, Larry Newman, a dit :

— J'ignore ce qu'il avait, mais c'était irrésistible.

Il débordait, ce sourire, il rayonnait, il éclatait, découvrait une denture impeccable, immaculée, exprimait l'assurance, la confiance, la proximité, l'appel et l'attention aux autres. Il voulait dire : « Je suis votre ami, je peux vous aimer autant que vous allez m'aimer, je suis venu pour vous guider, je suis l'agent du changement, avec moi, vous irez au-delà des nouvelles frontières, je suis l'Américain moderne, le renouveau, l'espoir, le combattant valeureux du Pacifique, le père attentionné, le mari aimé d'une femme superbe, l'amant disponible, le copain sans manières, l'athlète qui peut vous balancer le ballon ovale, le golfeur qui s'amuse, le navigateur qui aime la mer et les embruns, et mon sourire vous confirme que vous ne serez pas déçus, et que vous m'accompagnerez dans la promesse que je représente. Mais aussi, mon sourire vous dit que la vie est précaire, les hommes faillibles

— et moi le premier —, que je ne suis dupe que de peu de choses et que l'ironie et l'autodérision ne me sont pas étrangères, et que j'aime l'humour, car il fait oublier la mort. J'aime la vie, j'aime les femmes, j'aime la compagnie des hommes, la camaraderie des jours difficiles, la loyauté. J'aime les défis et l'idée qu'on doit se surpasser, et je vous le propose. Voici ce que mon sourire veut vous dire. »

Mais il y avait encore d'autres éléments derrière ce sourire — quelque chose d'énigmatique, une propension à compartimenter les relations et les gens, à toujours, malgré la chaleur du regard, observer une retenue, un détachement et, peut-être, une question fondamentale qu'il dissimulait à tous : « Qui suis-je véritablement ? » Il lui arriva, en effet, de soupirer devant une amie intime : « Je ne sais pas qui je suis. »

En observant le personnage, assis au milieu des pros du *press corps* de la Maison-Blanche, je voyais bien, tandis que, debout derrière le pupitre marqué du sceau de la présidence, Kennedy faisait travailler sa machine cérébrale pour répondre, au mieux, à toutes les questions qu'il suscitait, choisissant les interlocuteurs en pointant l'index de sa main droite — bras tendu, geste d'autorité et d'exercice autant que du plaisir du pouvoir —, je voyais bien pourquoi et comment il avait su conquérir les mères de famille du Massachusetts, les mineurs de West Virginia, les fermiers du North Dakota ou les éditorialistes et intellectuels de la côte Est, lorsqu'il s'était embarqué dans la longue et difficile campagne des primaires — l'épreuve la plus cruelle, qui détermine lequel des nombreux candidats deviendra celui désigné par son parti pour combattre le candidat adverse. À chacun de ces publics il avait offert la même image que celle que j'ai reçue ce matin-là : un homme en parfaite maîtrise de sa gestuelle, chef de son propre orchestre, dirigeant l'ensemble de ses instruments avec aisance, savoir-faire, comme si c'était inné, mais soucieux de convaincre et, surtout, d'informer. En réalité, il semblait très conscient de son don d'attraction et, par conséquent, il s'efforçait subtilement de l'atténuer — installant une sorte de distance pour exercer ce que l'on appelle le *low profile*, le profil bas, mais ça ne marchait pas vraiment. Car il était un peu trop lumineux — en tout cas, aux yeux de ses fans. Aux yeux de ses détracteurs, ce physique dominateur le faisait passer pour hautain, arrogant, *cocky*, ce qui veut dire prétentiard. Dégaine de gosse de riche, d'enfant gâté, poussé par l'argent de son père, dont les livres et les discours avaient été rédigés par des « nègres » de talent (Sorensen, brillant prosateur), façade et comédie, tout cela, disaient ceux qui le détestaient — car on peut détester la grâce, et l'exception. Image de « garçon coiffeur », comme l'appellerait au début de Gaulle, avant

217

d'évaluer le chef de l'État le plus puissant du monde, tout de même, ensuite, de façon plus favorable. Tout homme qui suscite une telle ferveur idolâtre provoque en réaction de la haine et de la jalousie, suscite la caricature et appelle à un recul nécessaire. Mais ses intimes disaient que Kennedy était le premier à comprendre et à respecter ce recul. Il n'avait aucun besoin de s'aimer. Il exerçait le *self control*, contrôle de sa personne — encore que, d'O'Donnell à Powers, d'O'Brien à son frère Bobby, ils furent quelques-uns à le voir rougir de colère face à la gaffe d'un subalterne, et à l'entendre proférer des injures à l'égard de ses contempteurs. En privé, il utilisait sans pudeur un langage de vestiaire de foot ou de caserne. Enfin, il suffisait que le sourire s'efface pour que ce masque se révèle sérieux, grave, concentré, captant tout à la vitesse de l'éclair (il lisait « en diagonale », on appela ça le « *Kennedy reading* »), avec une singulière faculté d'écoute, et je ne sais quelle lueur de mélancolie. Car il avait fait sien un proverbe indien :

Il y a trois choses qui sont réelles :
Dieu, la folie des hommes, et le rire.
Les deux premières sont au-delà de notre compréhension.
Alors, nous devons faire ce que nous pouvons avec la
  troisième.

Il était sexy. Comestible. Il suffit de revoir la rutilante photo de Kennedy, entouré de ses deux frères Bobby et Teddy en maillot de bain, sortant de l'eau, sur une plage que je suppose être celle de Malibu, en Californie. Les torses sont avantageux, les tablettes de chocolat de l'abdomen bien en place, les épaules et les avant-bras musclés, les pectoraux luisent sous le soleil. Un essaim de femmes bourdonne autour de ces bêtes de sexe. Elles paraissent extasiées, elles ne sont pas toutes des teen-agers, il y a des mères de famille dans ce groupe, cette floraison béate et ébaubie, prêtes à les caresser, les toucher. Prêtes, à la limite, à s'agenouiller pour leur faire, surtout à lui, quelque faveur buccale ou manuelle. Je n'exagère rien, pendant toute sa présidence, et à partir de ses premiers pas en politique, Kennedy a provoqué ce genre d'effet. Il le savait tellement qu'il n'avait besoin de faire aucun effort et que les femmes venaient à lui, ou bien, lorsqu'il les sollicitait, elles ne se refusaient pas. La liste de ces femmes et de ces conquêtes est si longue que la dimension de ce livre n'y suffirait pas. Il y eut plus d'une cinquantaine d'ouvrages uniquement consacrés à sa vie amoureuse — certaines femmes ont compté plus que d'autres. Car il établissait une différence entre celles avec qui on couchait une fois, et celles pour lesquelles, pendant quelque temps, il éprouverait ce que l'on peut appeler un sentiment amoureux. De Gene Tierney à Marilyn Monroe, tant d'actrices ont passé entre ses bras, mais c'étaient des poupées, des images qu'on baise et qu'on abandonne. En revanche, il eut une longue intrigue avec une femme nommée Inga Arvad, que l'on soupçonna d'être une espionne nazie, et qu'il fallut écarter, quitte à la subventionner. L'US Navy, qui avait procédé à une enquête lorsque le jeune Kennedy, enrôlé dans cette prestigieuse branche de l'armée américaine, avait débuté sa relation avec Arvad, la considérait presque comme une Mata Hari. On craignit qu'elle ne se serve de lui, et son père, Joseph P. Kennedy, aidé par le FBI, parvint à éloigner la redoutable (et sans doute fausse) espionne du jeune homme. Il n'avait que vingt-quatre ans. Bien plus tard, et à nouveau, vint se profiler l'ombre d'un scandale avec une certaine Ellen Rometsch, qu'il fallut exfiltrer en Allemagne de l'Ouest en août 1963 — dangereuse et ambiguë « call-girl » aux attaches politiques. Son existence faillit être révélée par la presse — le clan eut du mal à étouffer l'affaire. *Reckless*, tout cela, irresponsable ! Il y en eut d'autres, en particulier Mary Pinchot Meyer. Étrange créature, belle et blonde, parfaitement conforme à ce que Kennedy aimait chez les femmes, trente-huit ans, fréquente visiteuse de la Maison-Blanche, où sa relation avec le Président était connue de tous. Ce que l'on savait moins, c'est qu'elle fréquentait le gourou adepte du LSD Timothy Leary. On a raconté qu'elle avait proposé à JFK de s'adonner à quelques expériences dans l'usage de cette drogue. Mary Pinchot Meyer est morte de façon mystérieuse. En 1964, un an après l'assassinat de Kennedy à Dallas, vers midi et demi, le long du canal de Georgetown, on découvre son corps, une balle dans la tête. On retrouve relativement vite un suspect, un Noir, Ray Crump Jr. Et l'on apprend, car de nombreuses enquêtes furent diligentées au sujet de Mary Meyer, qu'à la minute où sa mort fut annoncée les gens de la CIA voulurent récupérer des documents dans la maison de Mary, qui auraient, peut-être, révélé toutes sortes d'informations, non seulement sur ses conversations avec le Président, mais aussi sur les propres informations possédées par Mary à propos de l'assassinat. Un véritable roman à la John le Carré entoure cette femme dont il semble que Kennedy ait été sincèrement épris. Mais sur elle, comme sur beaucoup d'autres personnages, un certain mystère demeure. Il ne fallait pas trop compter sur la presse de l'époque pour éclaircir le mystère. On verrouillait tout. On avait dressé un mur de silence autour du roi Priape.

Derrière son allure de gentleman distingué se dissimulait non pas un prédateur, car il n'avait pas besoin de chasser, ni de forcer, mais simplement un Don Juan, un Casanova aux mille et mille conquêtes, un insatisfait dévoré par le besoin d'assouvir au moins une fois par jour sa pulsion sexuelle. Il confiait à ses amis intimes qu'il avait « mal à la tête » lorsqu'il ne pouvait satisfaire cette exigence, et il ajoutait :

— Je ne peux pas faire autrement. Je ne peux pas m'en empêcher. Je ne sais pas d'où ça me vient. Je ne sais pas pourquoi. Peut-être de mon père qui nous a toujours dit qu'il fallait avoir une femme par jour, sinon on n'était pas en bonne santé, on n'était pas des hommes.

Les psychiatres et autres psychologues pourront longtemps se pencher sur ce cas qui relève autant de l'éducation qu'il reçut que des frustrations qu'il éprouva par rapport à sa mère, Rose, qu'il aimait et dont il considérait qu'elle ne s'occupait pas assez de lui. Peut-être aussi, plus simplement (explication médicale qui tient la distance), par la dose excessive, inimaginable, de médicaments de toutes sortes dont son corps fut nourri — cortisone au premier chef, mais également amphétamines, et autres produits chimiques que le célèbre « Docteur Feelgood » (l'homme qui fait du bien) lui injectait à la Maison-Blanche. Cette soif inextinguible ne remontait pas à ses années de présidence, mais à son enfance, à sa jeunesse. Le sexe n'était qu'une facette de l'étonnant et paradoxal état de santé de cet homme.

Car ce prince, en apparence pourvu de toutes les facilités dues à un corps athlétique, était en réalité un véhicule de maladies et d'anomalies. Une sorte de monstre. On aurait pu lui appliquer le nom d'un chanteur français : « Grand Corps Malade ». La soupe génétique irlandaise avait produit un caractère et un corps tout à fait complexes, rares. Pierre Salinger fut son attaché de presse. Je l'ai rencontré et connu d'abord aux États-Unis, puis l'ai maintes fois revu à Paris. Il est devenu un ami. Nous eûmes de longues conversations à propos de celui qui fut son patron et demeurait une telle idole que je n'ai jamais entendu Pierre émettre une seule remarque critique sur JFK. Pierre aimait beaucoup de gens à Paris et beaucoup de gens lui rendaient son affection car Salinger, en dehors de sa personnalité chaleureuse et de son instinct de journaliste, avait été un « homme de Kennedy ». Cette seule étiquette, cette seule recommandation lui servit souvent grâce aux réseaux qu'il avait pu créer pendant ses années à la Maison-Blanche. Tout homme ou toute femme, dans les années 60 puis 70, estampillé du nom Kennedy sur son front pouvait se faire ouvrir plus de portes que n'importe lequel de ses contemporains. Pierre Salinger me dit un jour :

— Si l'on veut comprendre Kennedy, il faut savoir qu'il n'a pas passé une seule journée de sa vie sans souffrir.

Les romanciers se sont emparés de cet individu hors norme, et en ont fait un personnage encore plus anormal. James Ellroy, avec sa trilogie américaine, et, en France, un écrivain comme Marc Dugain ont attribué à Kennedy et à son frère Bobby tous les défauts du monde : pourris, corrupteurs, menteurs, hypocrites, manipulateurs, trafiquotant avec la Mafia, approuvant que la CIA se soumette à leurs plans absurdes pour tenter d'assassiner Fidel Castro (huit tentatives), et exerçant leur détermination avec une arrogance digne de la dynastie dont ils prétendaient être les maîtres, arrosant d'argent les femmes qu'il fallait faire taire ou les hommes et les journaux que l'on pouvait influencer. Joe Kennedy, le Vieux, le père, fortune faite pendant la Prohibition, et aussi grâce à son génie financier, s'était tenu derrière ce couple de frères, derrière cet homme maléfique, malfaisant, ce JFK dont, toujours selon ces écrivains, les « brigades noires de la CIA » voulurent se débarrasser. Je veux bien. Chacun sa version, pourquoi pas ? Mais, comme on dit familièrement, il ne faudrait tout de même pas exagérer.

Il serait plus utile et intéressant d'équilibrer les jugements et de déblayer ce qui est fictif pour revenir à ce qui était réel. Nous avons lu, jusqu'à saturation, tous les récits : la légende, la saga, de l'enfance jusqu'à la mort, mais a-t-on mesuré les deux évidences majeures qui tournent autour de la personnalité de Kennedy ? Sa vérité ? Il y a deux vérités : c'était un homme d'une immense complexité. C'était un homme qui avait valsé avec la mort.

Car il avait fallu que la mort s'en mêle pour qu'il devienne ce qu'il est devenu. Si Joe Jr., son aîné, le premier du rang parmi les garçons, n'était pas mort, le 12 août 1944, à bord d'un bombardier dont on ne retrouvera aucune trace, le monde n'aurait peut-être jamais eu affaire à John Fitzgerald Kennedy. Dans la hiérarchie de la famille, JFK n'était que le deuxième et il accepta ce rang, autant pendant ses années de garçon que de jeune homme. L'aîné (les témoignages sont unanimes) ne possédait pas les trois quarts du potentiel de JFK, cette étincelle secrète, ce magnétisme. Il était moins séduisant, plus Américain « banal », plus « ordinaire ». Sans doute plus hargneux et batailleur, mais dépourvu de cette généreuse propension qu'avait JFK à aimer les autres et à s'en faire aimer, à créer autour de lui une véritable brigade de soldats, des amitiés fidèles et durables, car il savait déployer rires et susciter complicités, et parce qu'il possédait ce « quelque chose d'indéfinissable » dont avait parlé Larry Newman. Joe Jr. ne possédait pas toutes ces qualités. Mais le père avait décidé que l'aîné irait jusqu'au bout. Lorsque les intelligences de ces deux garçons étaient mesurées, aussi bien à l'école qu'à la maison, au cours de ces dîners pendant lesquels le père imposait un bilan de l'actualité et un résumé de leurs lectures à de véritables gamins, c'était toujours le cadet, JFK, qui l'emportait. On l'appelait Jack. Les types baptisés John, aux États-Unis, on les appelle Jack. Il brillait plus que les autres et plus que l'aîné. Mais le patriarche, le requin que Roosevelt avait réussi à écarter, lui confiant une ambassade à Londres pendant la Deuxième Guerre mondiale (au cours de laquelle Joe Sr. se comporta de façon erratique, affichant quelques sympathies pour le régime nazi), le Vieux considérait que l'aîné devait obtenir le pouvoir suprême et accéder à la Maison-Blanche. On peut aisément expliquer que si JFK s'ingénia autant à virevolter pendant sa jeunesse, à s'amuser, et se plonger dans une irresponsabilité quasi inconsciente, ce fut par contraste avec son aîné. Parce qu'il savait que, de toutes les façons, il n'avait ni le choix ni le droit de prendre sa place. Faute d'être l'élu, il faisait le zouave — attendant son heure ?

De son côté, l'aîné éprouvait des sentiments contradictoires à l'égard de ce gamin efflanqué, perclus de toutes sortes de maladies, mais qui séduisait jusqu'aux infirmières qui, dans les hôpitaux, s'occupaient de lui. Il voyait bien que Jack pouvait le supplanter. Les deux garçons s'aimaient mais un insidieux sentiment de rivalité avait grandi chez l'aîné et, lorsque JFK, le 2 août 1943, devint une légende de guerre grâce à son courage et à son endurance dans les îles Salomon (il faillit y perdre sa colonne vertébrale, déjà brisée, déjà déconstruite, il nagea des heures pour trouver du secours afin de sauver ses camarades d'équipage du PT Boat 109), l'aîné en ressentit comme une blessure d'orgueil. Grâce à un long article publié dans le *New Yorker*, signé du talentueux John Hershey, JFK ressortit de cet épisode du Pacifique paré de la tunique d'un héros authentique, décoré de la Navy. Joe Jr. eut du mal à vivre un tel événement, une telle éclatante entrée dans la lumière. Ses sœurs ont confié que, le jour où son frère cadet fut reçu et célébré, l'aîné s'enferma dans sa chambre en sanglotant sur son lit. On suppute qu'il décida, ce soir-là, de reprendre le chemin de la guerre, alors qu'il était en permission, et qu'il aurait pu très bien ne plus repartir en Angleterre, la fin des conflits étant proche. Pour oublier ou surpasser ce rival ? La mission pour laquelle il se porta volontaire était périlleuse et secrète. Baptisée « *Aphrodite Operation* », il s'agissait d'aller, à bord d'un B17 spécialement équipé comme l'équivalent des « drones » d'aujourd'hui, détruire les bunkers nazis installés sur la côte normande — qui devaient servir de rampes de lancement pour les V2, les fusées sans pilotes destinées à détruire les villes anglaises. Formidable mission mais qui se termine en catastrophe, le B17 est abattu, le corps de Joe Jr. ne sera jamais retrouvé.

Dans la famille, c'est le deuil. Jack est effondré. Il dira que cette perte a « saccagé » sa famille. Il aimait Joe Jr. plus, sans doute, que Joe Jr. ne l'aimait. La mort d'un frère aîné a quelque chose de terrible. Mais le Vieux, tout aussi accablé, va décréter que « c'est le tour de Jack ». C'est lui qui doit prendre le relais.

Ainsi, le farfadet écervelé, le brillant tombeur de filles, le rassembleur d'équipiers tout dévoués à sa personne, aura donc eu besoin de la mort pour que sa vie tourne. Quatre ans plus tard, « Kick » (Kathleen), sa sœur aînée, va mourir, elle aussi, dans un accident d'avion en 1948. Kennedy, dont toute la jeunesse avait été un combat pour enrayer la maladie, et qui avait déjà frôlé la mort et déjà reçu l'extrême-onction, aura, durant son incroyable et courte existence, valsé, dansé avec la mort. Il n'aura pas passé un jour sans penser à elle. La mort était sa compagne, sa seule et véritable interlo-cutrice, sa seule et véritable référence et, lors-qu'il disait « *life is unfair* » (« la vie est injuste »), il ne voulait pas parler de l'injustice faite aux pauvres — ou aux damnés de la terre —, mais il pensait à la Faucheuse qui vous coupe une vie, comme ça, sans raison. Et ça, c'était un « fait » — pas juste. Il était hanté par la réalité de la mort. Peut-être l'avait-il vue trop souvent, de trop près, peut-être avait-il été trop éclaboussé par les eaux du Styx.

Le sénateur de Floride, George Smathers, racontait : « Je ne sais pas pourquoi, la mort était une sorte d'obsession chez lui. Comment voudriez-vous mourir ? me demandait-il sou-vent. Voudriez-vous être noyé, ou être étranglé ou être pendu ? De quelle façon voudriez-vous partir ? » Smathers ne fut pas le seul à entendre ce genre de propos, à se confronter aux ques-tions du beau et souriant personnage. Quelques jours avant son fatal voyage pour le Texas, Kennedy exprima un « terrible sentiment ». Il ajoutait : « Il faut vivre chaque jour comme si c'était votre dernier jour. » Le directeur du *Peace Corps*, Bill Haddad, se souvient aussi — l'anecdote a été rapportée par le biographe Ralph G. Martin : « Nous avions eu une conversation sur la façon dont il aurait aimé mourir. Il me racontait qu'il aurait aimé que ça se passe à bord d'un avion. Je lui ai demandé pourquoi. Il m'a dit : "Parce que ça sera rapide." »

Ce sont des évidences, mais il faut y revenir. Elles contredisent forcément l'image superficielle et fugace que je me fis de lui en l'observant lors d'une conférence de presse et, plus tard, à deux reprises, à Washington et à New York. Nous étions devant un homme complexe et malade. Un homme qui valsa toute sa vie avec la mort, si tant est qu'on puisse appeler ça une valse.

La liste de ses maladies est si longue qu'un jour un de ses amis, qui pensait vouloir écrire un livre à son sujet, dit — c'est une citation relevée par Robert Dallek, remarquable auteur d'*An Unfinished Life* (« Une vie inachevée », non traduit à ce jour) :

— Si je devais écrire ta biographie, j'appellerais ça « Kennedy : une histoire médicale ».

L'homme le plus « glamour » qui ait jamais opéré sur la scène publique américaine était un Janus. Deux faces, celle de l'hédonisme et celle de la douleur. La mort était sa vraie mère, sa vraie compagne, et peut-être sa vraie inspiratrice, puisque pour la dompter, la repousser, il trouva toujours une énergie, un ressort intérieur, une vigueur (« *vigah* », disait-il avec son accent bostonien, que les gens eurent du mal à intégrer et finirent par aimer), et cela au-delà de toute norme. L'exploit dont il est l'auteur, dans les eaux du Pacifique, lors du naufrage du PT Boat 109, relève d'une incroyable force de survie. Fragile et cependant costaud, il se faisait phénix, terrassant les innombrables maux qu'il parvenait à dissimuler au moyen d'un étonnant talent, une volonté et une pugnacité héritées de ses ancêtres, et reposant sur le principe simple : ne jamais se plaindre, ne jamais apparaître en position de faiblesse. En ce sens, cette star était un prodigieux comédien, doué d'un aussi prodigieux courage. Un monstre, vous ai-je déjà dit.

— Il était squelettique, se souvenaient tous ses amis d'école, de lycée.

Il flottait dans ses vêtements, dans sa tenue « côte Est », pantalon de toile et veste de tweed, chaussures bateau ou de tennis. Il incarna, dès l'origine, un mystère médical. Qu'avait-il donc pour que, petit garçon, il tombe toujours malade ? Pour que, à quatorze ans, puis à seize ans, il perde du poids, il vomisse. On crut (diagnostic incorrect) que c'était une leucémie. Ensuite, on parla d'hépatite. Ensuite, alors qu'il est à la Mayo Clinic dans le Minnesota, ce qu'il appelle un « trou perdu » lorsqu'il écrit à son copain Billings, on lui découvre des inflammations au côlon et à l'intestin. Entre 1938 et 1941, il passe son temps à entrer et sortir des hôpitaux. Toujours des problèmes d'estomac, de diarrhée, de fièvre. Cependant, dès qu'il quitte l'hôpital, il fait l'imbécile, il tombe les filles et, surtout, il ne veut jamais, jamais parler de sa maladie. Plus tard, c'est le dos, comme si quelque chose, dès sa naissance, avait fabriqué une colonne vertébrale anormalement douce, avec des disques vulnérables qui se détériorèrent au fil des années. Il porta un corset chaque jour de sa vie. Il vous donnait l'air d'être équilibré, mais il lui fallait des bandages, des corsets, des petits rajouts sous l'un de ses pieds, car sa jambe n'était pas à la hauteur de l'autre. En fait, l'équilibre apparent de cette star à la démarche plus impressionnante que celle d'un Gary Cooper, un John Wayne ou un Cary Grant, n'était que désordre et déglingue. Le diagnostic final, au bout de quelques années (tout le long de la décennie des *fifties*), fut celui de la maladie d'Addison — ce qui expliquera les nausées, la perte d'appétit, les fièvres, la fatigue, les diarrhées, l'asthénie de sa jeunesse, et cette espèce de couleur jaunasse que l'on voyait apparaître sur son visage. On le croyait bronzé et son teint n'était que le reflet de cette maladie chronique. Une maladie rare, insuffisance surrénalienne à multiples effets. On lui administra, à nouveau, l'extrême-onction en 1954. Il fut parfois contraint de conduire ses campagnes électorales en s'appuyant sur des béquilles.

Pascal a parlé un jour du « bon usage des maladies ». Le malade s'observait et il réfléchissait. Son goût de la lecture est-il venu de ses longs intervalles dans des lits d'hôpitaux ? Kennedy était un lettré, il citait aussi bien Shakespeare que Démosthène, Voltaire, et surtout Churchill, dont il admirait l'art oratoire. On le surprenait de temps à autre, à la Maison-Blanche, tout seul, assis sur son rocking-chair (car cela apaisait son dos malade), écoutant des discours de Churchill. Il notait la cadence, le style, le rythme, et c'est ainsi que, peu à peu, il peaufina et améliora son discours public afin de devenir le fascinant orateur dont on se souvient aujourd'hui. Car, à l'origine, il n'était pas un grand débatteur, un bateleur capable de mesmériser les foules. Il le devint au prix de ses efforts et de son travail, malgré l'apparente grâce, la fallacieuse facilité. En fait, rien n'était facile pour Kennedy et il le savait. Mais il compensait les difficultés et les épreuves par une énergie exceptionnelle, ce que les Irlandais appellent le « *fighting spirit* » — que l'on observe souvent en Europe, lors des rencontres de rugby. Ces hommes en vert qui foncent sur vous dès la première mêlée en criant « *proud, proud, proud* », c'est-à-dire hurlant l'adjectif de la fierté — et qui ne s'avouent jamais battus. Bobby était comme lui, encore plus féroce. C'est Bobby qui le soutint de la façon la plus admirable et la plus fidèle, la plus brutale aussi, car tous ceux qui l'entouraient furent habités par une même sorte de « foi

aveugle », comme rarement les présidents américains en ont connu. Étonnez-vous, après cela,
qu'à la minute où il est mort, les centaines, voire
les milliers de ceux qui le servirent — comme
on sert une majesté — en aient immédiatement
fait un Héros avec un H majuscule, un preux
chevalier, une sorte de saint laïque. Saint John.
Saint Jack.

Ses ennemis auraient pu dire : J comme
Jouisseur. F comme Fucker. K comme Killer.

Ses amis martelaient : J comme Jeunesse.
F comme Futur. K comme Kilowatt.

24

Après le deuil et la béatification, on vit surgir, fin des années 60 et début des années 70, une période de purgatoire. Pendant un temps relativement bref au regard du « temps long » des historiens, JFK fut démythifié, revu et corrigé. Le grand magazine de l'époque, *Esquire*, conçut un titre astucieux : « Kennedy without tears ». La consigne était : parlons de JFK sans pleurnicher.

Regardons l'autre face de *Camelot*, cette comédie musicale à la gloire des chevaliers de la Table ronde du roi Arthur. Examinons sans scrupules le côté obscur, « *the dark side* », titre d'un livre dévastateur de Seymour Hersh. Ce *Camelot* dont Jackie fit une référence, au lendemain de sa mort, afin de symboliser et magnifier mille jours de magie, de fêtes, de glamour, de culture et de réussites, de performances et de bravoure — tout cela fut en partie opacifié par les révélations les plus indécentes ou les plus suspectes. C'était à qui y allait de sa petite histoire, son paquet de confessions, souvent ses mensonges.

À Washington, au cours d'un dîner, au milieu des années 70, une dame qui était en train de passer du côté nord de la colline de sa vie me déclara à haute voix qu'elle avait eu une courte affaire avec « lui ». Les invités, autour d'elle, lui tournèrent le dos. Ils en avaient un peu assez de l'entendre. Ce n'était pas la première fois qu'elle souhaitait clamer un tel exploit. Elle me dit d'un ton vaniteux et salace, bruyant et faussement « chic » :

— Ce n'était pas un grand *lover*. Il fallait faire ça vite et puis, au revoir Madame. Il valait mieux qu'il soit sur le dos et vous sur lui, à cause de sa maladie. Ce n'était pas très romantique, voyez-vous, mais il était très courtois, après. Il savait dire merci.

D'après ses intimes et ses biographes les plus objectifs, il semble que l'année 63, celle qui suivit la résolution de la crise des missiles — celle de la mort de son fils —, apporta enfin à Kennedy une parcelle de sagesse et qu'il mit un frein modéré à ses pantalonnades. Il se sentait, d'abord et enfin, président en pleine possession de ses moyens, satisfait de ses résultats, de son goût pour la réforme et de ses progrès pour achever la guerre froide. Ses « cent derniers jours » confirmaient ses efforts aussi bien vis-à-vis de la cause des Noirs que vis-à-vis du rapport avec l'URSS. Le traité d'arrêt des essais nucléaires était une grande réussite. Tout allait bien. Il se rapprochait plus de Jackie — de ce mariage qui n'avait pas été un mariage, mais un partenariat entre un mâle dominant qui refusait de se réfréner et une femme subtile qui attendait son heure et savait qu'il avait besoin d'elle, de sa culture, de son propre rayonnement, de la façon dont elle charmait le monde entier au cours de ses voyages. Au bout du compte, elle était quand même plus structurée, plus complète, plus « son genre » que toutes les filles qu'il avait connues. Et puis, c'était la mère de ses deux enfants et il adorait les enfants, et ce fut le véritable ciment de son union avec Jackie. Alors, ils avaient associé leurs deux images, en réalité nécessaires l'une à l'autre. Il n'existe pratiquement aucune photo de ce couple qui puisse illustrer ce que l'on appelle la tendresse — la vraie —, mais les intimes attestent que, finalement, ça allait, le mariage fonctionnait, enfin. Jackie, elle-même, le disait : « Ça y est, j'ai gagné. »

À partir des années 80, 90, 2000 et aujourd'hui, on juge et on jauge Kennedy pour ce qu'il était — sans jamais résoudre tout à fait le mystère et la complexité d'une telle nature. On a aussi essayé de mesurer ce qu'il serait devenu. Mais en vain.

L'appétence est toujours là. Il existe un tel désir de Kennedy, qui n'est pas seulement dû au chiffre rond du cinquantenaire de sa mort, pas seulement à l'évidence de sa personnalité brillante et stimulante, mais à une incorrigible faim pour les années 60, les *golden years*,

les années dorées, une faim impossible à satisfaire entièrement. Les Français — comme les
Américains — ne se rassasieront jamais de ce
couple, cette décennie, cette saga, ces *sixties* qui
virent Bob Dylan chanter et Pablo Casals jouer
du violoncelle à la Maison-Blanche. Des années
folles, violentes, mais passionnantes. C'est la
grande nostalgie. On en reveut, on en revend,
on la recherche. Pourquoi ? Parce que JFK était
l'exemple vivant d'une promesse, d'un espoir,
et qu'il tournait la page d'une Amérique un
peu « en torpeur » (c'était son propre terme)
sous la houlette d'un homme de haut niveau,
Eisenhower, l'ancien général, responsable du
débarquement du 6 juin 44, un chauve à tempes
blanches, qui ressemblait plutôt au Père Noël
qu'à un prince play-boy, héros du Pacifique.
Les hommes et le monde ne peuvent vivre sans
promesses. C'est à quoi on reconnaît un leader
d'un politicien comme les autres : il incarne
l'impalpable. Kennedy symbolisait le grand
credo de sa nation :

— Nous ferons que demain soit mieux qu'hier.

Il était donc neuf. Lorsqu'il mourut et
qu'une journaliste demanda à Schlesinger, l'un
de ces intellectuels dont il avait eu l'instinct de
s'entourer :

— Serons-nous encore jeunes et rirons-nous
encore ?

Schlesinger répondit :

— Nous serons moins jeunes, et nous rirons
moins.

Ayant, moi-même, été étudiant aux États-Unis pendant les années « torpides » d'Eisenhower, si j'ai utilisé, quelques pages plus tôt, la risible formule « mon Kennedy », c'est parce qu'il m'a fait rêver, parce que j'aime les symphonies, surtout si elles sont inachevées, et parce qu'il m'a toujours fait penser à une phrase de Stefan Zweig dans *Lettre d'une inconnue* : « Être jeune ne signifie-t-il pas, en fin de compte, espérer l'extraordinaire, un événement fabuleusement beau, dépassant l'univers étroit du regard, une apparition sur l'accomplissement d'une vision aperçue en rêve ? » Une revue objective de ces fameux « cent derniers jours » (tels que les raconte Thurston Clarke) m'a aussi convaincu qu'il y avait, chez Kennedy, une capacité d'adaptation à son époque et à sa fonction qui en eût fait, sans doute, un « grand » président. Et c'est bien cela qui titille encore aujourd'hui : ce qu'il aurait pu être. « *What might have been* », comme le disent tous ses biographes.

Les communicants, l'argent du père, la conscience lucide, sinon cynique, que Kennedy avait de son talent pour percer les écrans et représenter l'Amérique, me font croire qu'il confirme la superbe phrase de l'écrivain autrichien. Dès lors, je voudrais égrener quelques moments — les moins importants comme les plus graves — qui méritent de figurer dans mon générique final. Cet homme était une mosaïque. Allons en trier quelques morceaux.

25

Moments et morceaux de la mosaïque Kennedy

1 ♦ Sa présidence commence dans la gloire, la célébrité, la photogénie. Hollywood est entré à la Maison-Blanche et n'en repartira jamais. C'est à partir de Kennedy que l'on a glorifié, magnifié, fictionnisé les présidences de la Maison-Blanche. Les séries télé, les films, les romans, tout a tourné autour de cette demeure et de ses personnages, et ce sont les Kennedy qui ont donné naissance à ce phénomène. Car il avait, avec Jackie, maîtrisé la communication. Il savait très bien prendre la pose, il savait très bien laisser entrer un photographe, dûment et subtilement choisi, dans le bureau ovale lorsque Caroline, petite fille en blanc, ou John-John, petit garçon en blanc, se baladaient à quatre pattes sous le bureau présidentiel, il savait très bien qu'il travaillait pour l'image. La

communication, le *news management* comme on appelait ça à l'époque (aujourd'hui, on dit les *spin doctors*), ce sont les Kennedy, leurs opérateurs et conseillers qui ont inauguré cette méthode. En ce sens, comme dans beaucoup d'autres domaines, Kennedy est le père fondateur de la « com politique » d'aujourd'hui. Jackie, de son côté, incarnait le plus bel atout auquel il ait jamais eu recours pour imposer à l'Amérique la notion d'un couple magique, d'un couple de rêve, qui dépassait largement ceux qu'on inventait sur les côtes de Californie, dans les grands studios de cinéma américains. Jackie, à elle seule, aura été l'arme suprême de Kennedy. Et même s'il l'a trompée de façon indécente, avec cette attitude machiste qu'elle avait acceptée car son propre père, que l'on appelait Black Jack, lui avait, dès sa petite enfance, expliqué que « les hommes sont comme ça », même s'il avait choisi ce mariage, non par amour, mais par calcul, conseillé par Joe Sr., le Vieux, encore une fois — il fallait bien qu'il se marie —, Kennedy était capable de se comporter en mari respectable. Un homme aux deux visages. Janus, ai-je déjà dit. D'une part, le père aimant, le fendeur de foules, et, d'autre part, l'adultérin, le Don Juan, l'irresponsable amant d'une maîtresse de Sam Giancana, le *Godfather* de Chicago, dont on ne saura jamais véritablement quel rôle elle aura joué. Portait-elle des valises pleines de dollars pour les remettre à la Mafia en paiement de la prétendue dette du père vis-à-vis de cette même

240

mafia de Chicago, dont on dit qu'elle obtint les précieuses 100 000 voix d'écart qui permirent à Kennedy d'être président ? Judith Campbell Exner appartenait à un univers douteux, crapoteux, malgré le glamour de Sinatra et de son *rat pack* (sa bande de rats), comme ils s'appelaient eux-mêmes, univers que Kennedy avait aimé côtoyer. Il avait aimé « s'encanailler ». Son frère comme le patron du FBI, Hoover, finirent par lui conseiller de laisser tomber — à la grande colère de Sinatra qui ne s'en remit jamais et passa de l'autre côté de la politique, chez les républicains. Judith Campbell Exner symbolise, en partie, ce que l'on ne peut effacer : la complexité de l'homme. Une irresponsabilité contrebalancée par le sérieux qu'il mettait à sa tâche, mais toujours habité par la certitude que la vie était courte et qu'il ne la terminerait pas dans son lit, à quatre-vingt-seize ans, l'âge qu'il aurait aujourd'hui.

Enfin, il y avait cette folie irlandaise, ce sens de l'impunité, qui fait que chacun des membres du clan Kennedy a cru pouvoir passer au-dessus des lois de la nature. Lorsqu'ils skiaient, il ne devait pas y avoir d'arbres pour entraver leur course. Lorsqu'ils prenaient des avions (comme le fit John-John, plus tard), ils se foutaient royalement qu'on leur dise qu'il y avait du brouillard et que l'on ne pouvait pas voler. Eux le pouvaient. Ils se croyaient au-dessus des normes, au-dessus des obstacles que la terre, le ciel, les hommes et les femmes peuvent vous opposer afin de vous faire comprendre la relativité de toutes choses. Irlandais fous, Irlandais inconscients et, en même temps, Irlandais fiers, intelligents, calculateurs, ambitieux, habités par une vocation messianique. Convaincus que si l'on a beaucoup reçu — en héritage —, alors, il faut beaucoup donner.

2 • La grivoiserie, l'espièglerie, le sens constant de l'impunité, une sorte d'immunité, on peut faire ou dire ce que l'on veut, si l'on a décidé d'un peu rigoler. Ainsi, à la fin du célèbre dîner annuel des correspondants de la Maison-Blanche — journalistes attachés à suivre l'homme tout au long de l'année —, des artistes ont animé la soirée. On les prie de ne pas trop encombrer le Président, de ne pas trop l'accaparer. Vous lui serrez la main, rapide, il s'en ira. C'est Ralph G. Martin, un des biographes les mieux renseignés sur ces « moments » de Kennedy, qui a raconté l'anecdote suivante :

Barbra Streisand, la célèbre chanteuse, veut néanmoins s'attarder. Elle tend le programme imprimé de la soirée à Kennedy, l'agitant sous son nez à la manière d'une groupie, réclamant un autographe. Elle en fait un peu trop. Il la regarde avec un pétillement espiègle dans les yeux, quelque chose d'insolent et d'amusé, il sourit et il signe. Un amuseur professionnel de l'époque, Merv Griffin (habitué des plateaux de télévision), demande à la célèbre chanteuse :

— Qu'est-ce qu'il a écrit ?

Barbra éclate de rire. Kennedy avait écrit : « *Fuck you.* » Et il avait signé : « *The President.* » J'ai lu ça dans le livre de Martin, *A Hero for our Time* — Un héros pour notre époque.

3 ◆ Le décideur, l'ambitieux, le visionnaire. En avril 61, le dossier spatial existe déjà. Fort nourri. Tout est dans les starting-blocks. La pression soviétique a joué son rôle, car il y a eu l'humiliation du Spoutnik, le satellite soviétique mis en orbite en 1957, qui force les Américains à créer la puissante NASA. On connaît et on a chiffré les milliards que va coûter la course à l'espace. Tout le monde est prêt, mais c'est au Président de trancher. Il demande qu'on le laisse seul, à peine un quart d'heure. Il ressort de son bureau et dit : « Nous irons sur la Lune. » Il est le décideur. Plus tard, il déclarera à la télévision : « Nous décidons d'aller sur la Lune dans la décennie qui vient, et de faire d'autres choses, non parce que c'est facile, mais parce que c'est difficile. »

4 ◆ Les exagérations, les fables. C'est ainsi qu'on a fait un cas disproportionné de sa relation avec Marilyn Monroe. Il semble, en vérité, qu'il n'ait couché que peu de fois avec elle.

Mais il y eut ce fameux « *Happy Birthday Mister President* », et la robe moulante, et tous les fantasmes que la blonde put nourrir, entretenir autour de ce « *Mister President* » dont, dans sa naïveté et son obsession, sa névrose et son malheur, sa solitude et son besoin de protection et de lumière, sa recherche constante d'hommes solides et puissants (Arthur Miller, écrivain célèbre — Joe DiMaggio, superstar du sport — Kennedy, roi du monde), elle imaginait qu'elle pourrait le faire divorcer. C'est plutôt Bobby, le jeune frère, qui entretint des liens soutenus avec Marilyn. On signale sa présence au soir de la mort de la star. Bobby aurait témoigné avoir, effectivement, vu Marilyn peu de temps avant sa mort. Il voulait la dissuader de continuer d'embarrasser et « harceler » le Président. JFK, depuis quelque temps, convaincu par les écoutes de l'affreux patron du FBI, Hoover, avait pris ses distances avec le show-biz d'Hollywood et de Las Vegas. Dans ses moments de lucidité, il savait juger des frasques des autres tout en perpétrant les siennes, craignant qu'un scandale n'éclate et le détruise. Peut-être au cours du second mandat de sa présidence, car il se voyait facilement réélu en 1964. Il était préoccupé par l'exemple du scandale Profumo, à Londres (un Lord, un politique impliqué dans une sale affaire de la mort d'une call-girl, Christine Keeler), et il lança un jour, en parlant de Profumo, un *warning* à Martin Luther King, le grand et vertueux leader noir. Kennedy avait appris, toujours grâce à cette ordure de Hoover, que Martin Luther King n'était pas un époux fidèle. « Méfiez-vous », avait averti Kennedy. Mais en parlant ainsi à Luther King, ne se parlait-il pas à lui-même ?

5 • Son film préféré ? *Casablanca*, avec Humphrey Bogart et Ingrid Bergman — le film culte de toute sa génération, et d'autres. Il n'est pas très difficile de comprendre pourquoi Kennedy adorait ce récit d'un patron de boîte de nuit à Casablanca, Rick, toujours vêtu de blanc, incarné par Bogart, au visage glabre et impassible, cigarette au bec, qui retrouve un amour passé, celui de la belle Ingrid Ilsa, incarnée par Ingrid Bergman. Romantisme, monde artificiel, mais aussi climat de la résistance contre les nazis, et comportement toujours contenu, fait de sang-froid et d'humour, du héros Bogart face aux collabos, aux espions de deuxième zone, et à un amour qu'il ne peut renouveler, car Bergman est désormais dans les bras d'un autre homme. Ce film dégage, depuis toujours, un charme, une ambiance, une vision fausse, mais merveilleusement agréable à suivre, des années de guerre et d'un certain romantisme. Kennedy aimait les films de guerre. Il eut un faible pour le premier James Bond : *Dr. No*. Il aimait aussi *Vacances romaines* — avec Audrey Hepburn et le parfait Gregory Peck, grand Américain au

visage charmeur, comme lui. L'Europe, la petite princesse qui s'échappe pour se balader avec un journaliste, tout cela sans profondeur, de la comédie, de la distraction, du divertissement qui vous éloigne de la mort. Ce qui n'empêchait pas le même Kennedy de lire Homère, Tennyson, Talleyrand, de Gaulle, Stendhal, la biographie de son héros et modèle, Lord Melbourne, ou la vie de Catherine de Médicis, et de se replonger dans tous les ouvrages consacrés au grand cataclysme de la Première Guerre mondiale.

6 ♦ Ses mots, souvent répétés par ses fidèles : qu'attendait-il de l'existence ? Il disait :

> « Ne jamais s'ennuyer.
> Ne jamais être frustré.
> Ne jamais être seul. »

7 ♦ Les chiffres : personne n'a pu précisément comptabiliser l'argent que Joe Sr., le Vieux, le patriarche, dépensa et distribua pour que la campagne présidentielle de l'année 1960 réussisse. L'argent, l'argent, l'argent — ils en avaient tellement qu'ils n'en portaient jamais sur eux, les frères. Ils appartenaient à cette catégorie de riches — ou de puissants — qui ne mettent jamais eux-mêmes la main à la poche. D'autres

s'en chargent pour eux. Quand Kennedy glissait sa main droite dans la poche de son costume bleu foncé et bien coupé (il changeait de costume et de chemise cinq fois par jour), c'était pour, simplement, cacher cette main qui tremblait parfois. L'apparence du prince et de l'ordonnateur de la fête, celui qui ne souffre jamais et ne voudra jamais l'admettre, il fallait la conserver, la maintenir. Le petit Texan Jack Valenti m'a raconté, comme à beaucoup d'autres, son souvenir de JFK, à Deauville, où je l'ai connu. Valenti y venait, chaque année, représenter les puissantes associations de producteurs de films américains. Valenti se trouvait aux côtés de Johnson pendant la journée fatale de Dallas (on le voit en effet, dans un coin de l'avion, sur l'unique photo de la prestation de serment). La veille, à Fort Worth, le 21 novembre, Valenti avait observé que, lors d'un discours du Président, une main de JFK, sous le pupitre, était agitée de spasmes nerveux. Valenti était le seul à pouvoir surprendre ce tic. À cause de sa petite taille, il se trouvait pratiquement sous le lutrin sur lequel Kennedy avait posé le texte de son speech. Et ça avait subjugué Valenti, cette main fébrile, cette nervosité que Kennedy dissi-mulait sporadiquement. Le petit Texan s'était dit : « Cet homme n'est pas tout à fait ce qu'il représente. »

J'ai demandé à Valenti :

— Que vouliez-vous dire au juste ?

Le rusé petit homme m'a répondu :

— Vous croyez que Napoléon était quelqu'un de simple ?

8 ♦ « *Boys don't cry.* » Les garçons ne pleurent pas. La leçon, administrée pendant toute l'enfance, n'empêcha pas le héros de guerre de verser des larmes. Comme tout le monde.

Il détestait perdre. Il abhorrait l'échec. Or, les premiers mois de sa présidence furent secoués par le fiasco complet de la baie des Cochons, tentative avortée d'envahir Cuba et de la libérer de Fidel Castro. Kennedy, en plcin lancement de quelques-uns de ses projets les plus idéalistes (le *Peace Corps*, le Corps de la paix, qui envoyait des jeunes Américains « faire le bien » dans le reste du monde, en mars 1961 — l'Alliance pour le progrès, le même mois), se laisse abuser par la CIA, les militaires, et surtout ses prédécesseurs (dont Eisenhower lui-même), qui lui avaient assuré que tout se passerait très bien, qu'il s'agissait d'une opération sans faille. Le débarquement de 1 400 volontaires de la Brigade cubaine tourne au désastre. Ces exilés anticastristes, recrutés et entraînés par l'armée et la CIA, vont rencontrer le feu, la mort ou la prison. Bissell, grand patron de la CIA de l'époque, est livide. Il supplie Kennedy d'envoyer la force aérienne pour sauver l'opération. Le Président refuse. Il assumera entièrement la faute. Mais il a appris la leçon :

— On m'a mal conseillé.

Il va virer les responsables du renseignement, qui lui en ont beaucoup voulu. Il va se méfier, pour toujours, des « experts » et de certains militaires. Pragmatique et empirique, Kennedy tirera de cet échec les leçons qui lui permettront, plus tard, de maîtriser admirablement la crise des missiles en octobre 62. Les anecdotes recueillies aussi bien auprès de son entourage intime que de ses conseillers nous confirment que, le soir du fiasco, il en a pleuré. C'étaient des larmes de colère.

Autres pleurs. Vienne. 3 et 4 juin de la même première année au pouvoir. Année terrible. Rencontre avec Nikita Khrouchtchev. Le chef d'État soviétique considère Kennedy comme un gamin qui s'est dégonflé à l'occasion de la baie des Cochons. Les échanges seront glaçants. Aucune concession, aucun signe de volonté de rapprochement, au contraire. Khrouchtchev l'accuse de menacer la paix mondiale, ne signera aucun traité, et l'avertit que Berlin, c'est son territoire à lui. Il ajoute :

— Je peux piétiner vos champs de maïs quand je le veux.

Un peu plus tard, l'Allemagne de l'Est, sous le joug de l'Union soviétique, va construire le mur de Berlin. Kennedy était sorti dévasté de cette confrontation, déstabilisé, humilié :

— Le pire moment de ma vie.

Il fit cette confession à quelques amis et à un journaliste, le plus grand éditorialiste de l'époque, James Reston, prénommé « Scotty », lequel, stupéfait, découvrit un JFK écroulé sur son canapé, et posant un chapeau par-dessus ses yeux pour cacher son désarroi.

— Ça a été rude ? demande Reston.

— La plus dure chose de ma vie, répète Kennedy, visiblement secoué.

Kennedy confie alors à Reston qu'il avait eu l'intention d'aborder ainsi Khrouchtchev : « Je propose de vous dire ce que je peux faire ou ne pas faire, mes problèmes, mes possibilités, et puis, que vous fassiez de même. » Mais il découvre que le farouche Monsieur K. réagit avec une violence inouïe. Il menace Kennedy, condamne l'impérialisme américain. Kennedy continue de se confier à Reston :

— Il m'a cru jeune, inexpérimenté, et dépourvu de tripes, tout ça à cause de la baie des Cochons. Il m'a battu. Ça me pose un terrible problème. Tant qu'il me verra comme ça, on n'arrivera à rien avec l'URSS. Ça veut dire que nous devons agir.

Reston a longtemps cru que l'engagement de Kennedy au Vietnam datait de ce jour. Il fallait « montrer les muscles ».

À un intime, Kennedy devait confier :

— J'ai été traité comme un non-président. Il m'a pris pour un petit con.

On le verra assis, seul, à la Maison-Blanche, songeur, perdu dans le silence. Il n'avait jamais connu ce genre de camouflet. Il avait dit à Khrouchtchev : « L'hiver sera rude. » Et puis, selon Jackie, il en avait pleuré. On peut écrire, cette fois, que ce furent des larmes d'amertume.

Il aura versé les larmes les plus sincères, les moins narcissiques, les moins « politiques », et les plus dignes, lors de la mort du bébé Patrick, le 7 août 1963, à l'hôpital des enfants de Boston, aile 2 703 de l'immeuble. Victime d'attaques d'hyaline (syndrome de détresse respiratoire), le bébé, incapable de respirer, ne vécut que l'espace de trente-neuf heures. C'est un père comme les autres qui s'écroule sur un lit pour pleurer pendant dix minutes à chaudes larmes et qui va serrer sa femme dans ses bras, geste qu'on ne lui avait jamais vu faire en public. Cela va profondément modifier son attitude de père et de mari. La douleur du couple constituera l'amorce du « vrai mariage » qu'entrevoyait Jackie au cours de ces fameux « *last hundred days* », ses cent derniers jours.

Les petits garçons ne pleurent pas. « *Boys don't cry.* » Les présidents, si. Forcément, ce sont encore des « petits garçons ». Sur le plateau des Glières, l'aumônier dit à André Malraux (c'est le début des *Antimémoires*) :

— D'abord, les gens sont beaucoup plus malheureux qu'on ne croit. Et puis, le fond de tout, c'est qu'*il n'y a pas de grandes personnes...*

9 ✦ Il ne pleurera pas, mais pas du tout, pendant les treize jours d'octobre 1962 (du 16 au 28), lorsque — il fut considérablement aidé en cela par Bobby (exemple de dépassement de soi, pour atteindre à une sorte de magistère moral, face aux autres plus âgés que lui) —, lorsque, donc, Kennedy saura, pendant la crise des missiles de Cuba, faire preuve de lucidité, sang-froid, maturité, pour à la fois parvenir, après maintes négociations, pourparlers, correspondances, et autres rencontres secrètes dans Washington, à faire reculer Khrouchtchev et les Soviétiques et, simultanément, à ne pas céder aux injonctions de ses militaires. Le général Curtis LeMay en tête, cigare au bec, poitrine constellée de médailles, et qui insistait lourdement, avec sa véhémence vulgaire :

— Bombardons-les. Bombardons-les. Éradiquons-les.

Pendant toute cette crise, aussi bien depuis sa naissance, à partir des premières photos prises par satellite et qui révèlent l'installation de missiles soviétiques sur Cuba, jusqu'à son développement, ses détours, ses rebonds, ses sursauts, John F. Kennedy fera montre de perspicacité, sens du timing, instinct, réflexion, recul, talent de négociation, maîtrise du temps, commandement des hommes, évaluation des forces, acceptation du compromis, décryptage des signaux adverses, jugement sur les timides ou les apeurés, les va-t-en-guerre ou les écervelés.

Sa vision de l'Histoire, une autorité calme, sachant se concerter avec des collaborateurs, certains conseillant de frapper militairement et d'autres, stimulés par leur leader, refusant le conflit. Il sut faire comprendre sa force à l'adversaire — on montre les muscles, on arrive jusqu'au *brink of war* — la brèche de la guerre, mais on n'y tombe pas, tout en ne cédant rien en apparence. (En réalité, il y aura un deal sur la présence de fusées US en Turquie.)

Ils étaient au bord du gouffre, la Troisième Guerre mondiale. (Les bombardiers américains face aux bombardiers soviétiques, c'eût été trois cent mille fois Hiroshima, a-t-on écrit.) Il eut l'intelligence de ne pas faire perdre la face au véritable vaincu de l'affaire, Nikita Khrouchtchev, dont les navires reculèrent devant la tranquille démonstration de force américaine. Ce même Khrouchtchev qui l'avait ridiculisé deux ans auparavant à Vienne. Les bases de missiles nucléaires sur Cuba seront démantelées. Au prix d'une série de manœuvres en sous-main, correspondances secrètes, intrigues menées par Bobby, évaluation des limites que le joueur de poker en face peut ou non franchir, concessions stratégiques, Kennedy va révéler la vraie nature de son caractère — ou plutôt de l'homme d'État qu'il est devenu. On a rapporté un de ses dialogues avec le belliqueux général LeMay — enregistré sur bandes magnétiques (car JFK, comme

Nixon, et comme d'autres, eut toujours recours à ces enregistrements à l'insu de ses interlocuteurs). Il mérite qu'on s'y arrête :

Curtis LeMay :

— Je ne vois pas d'autre solution que la guerre. Le bombardement massif. Il faut attaquer en premier. Je suis sûr que vos concitoyens pensent comme moi. Vous êtes dans un sacré pétrin.

Kennedy, interloqué et irrité, répond :

— Quoi ? Qu'est-ce que vous venez de dire ?

LeMay :

— Vous êtes dans un sacré pétrin.

Kennedy éclate alors d'un rire sarcastique :

— Mais vous y êtes autant que moi, Général, autant !

« Si je les avais écoutés, dira-t-il plus tard, tous ces gradés, tous ces connards, nous ne serions plus en vie, aujourd'hui, nous et le reste de l'humanité. » Cent millions d'Américains suivirent ses discours d'explication à la télévision. Sa popularité tripla dans les sondages. C'est de ce jour — fin 62 et toute l'année 63 — que JF Kennedy va devenir véritablement « présidentiel ». Ce qui ravive d'autant plus les regrets : « *an unfinished life* » — une vie inachevée. La guerre froide, qui aura duré quarante-cinq ans, va s'amoindrir à partir de ces moments cruciaux. Le fameux mot — et le principe — de « détente » est prononcé. Le bon sens, allié à sa synthèse et à sa connaissance de précédents historiques (il ne cessait d'évoquer les erreurs commises qui avaient enclenché la grande boucherie de la Première Guerre mondiale de 14-18), un calme olympien sous la tempête, cette célèbre *grace under pressure*, la « grâce sous pression » — l'objectif idéal, le slogan de sa jeunesse —, au moyen de tout cela, JFK avait sauvé le monde. Il n'a versé aucune larme. Car on ne pleure pas de satisfaction. On n'est plus un « petit garçon ». On est peut-être devenu une « grande personne ».

Lorsqu'il est entré, la crise résolue, le lendemain matin, dans le bureau où se réunissait l'ensemble de son cabinet, Sorensen raconte :

— Nous nous sommes tous levés. Il avait l'air de mesurer 10 mètres de haut.

Kennedy, en cet instant, ne manifesta aucun signe de fierté, aucun geste de victoire. Aucune parade, aucune vanité. Pas plus dans le geste que dans le ton de la voix. *Low profile*, toujours. « Relativisons. Soyons humbles dans la victoire, comme j'ai été honnête dans la défaite. »

Si tout est extrême chez lui, l'élégance et la vilenie, s'il a dansé avec la mort, et abusé de l'amour, si peu d'hommes d'État américains ont, comme lui, autant porté en eux le bon Dieu et le Diable, il n'empêche, il appartient à la grande tradition de ces rares présidents américains auxquels leur pays et le monde doivent au moins un geste, une décision, et une action d'éclat. Ce fameux moment d'histoire qui efface le reste de leur mandat : Franklin D. Roosevelt qui engage les États-Unis dans la Deuxième Guerre mondiale après Pearl Harbor — Eisenhower qui, ancien militaire, parvient à mettre fin à la guerre de Corée ; et JFK qui fait preuve de fermeté face à l'URSS en allant à Berlin, bien sûr (« *Ich bin ein Berliner* », juin 1963), mais, surtout, en se comportant de cette façon remarquable pendant les treize jours d'octobre 1962. Il a résisté à ses militaires, il a damé le pion à Khrouchtchev. Résolvant ainsi la plus grave crise de la guerre froide, et évitant, tout simplement, la destruction de la planète. Il est intéressant de noter que c'est l'échec de la baie des Cochons à Cuba qui lui a servi de jugement et d'expérience pour obtenir une victoire. À Cuba, là encore. Cuba, décidément omniprésente au cours de cette présidence inachevée.

Toutes les autres grandes décisions (le Corps de la paix, le programme spatial, une amorce plutôt timide des droits civiques, des décrets et des réformes en veux-tu en voilà, les traités d'arrêt des tests nucléaires) ne sont rien, au regard de l'Histoire, à côté de ces treize jours d'octobre. Rien.

10 • Il est une femme que je vais citer par deux fois — elle s'appelait Clare Booth Luce, épouse du génial inventeur des deux magazines *Time* et *Life*, Henry Luce. Brillante, malicieuse, auteur du best-seller *The Women*, n'ayant peur de rien ni

de personne, elle fut nommée ambassadrice des États-Unis à Rome par le président Eisenhower en mars 1953. Les gens l'écoutaient, la craignaient, la consultaient. À Washington, elle pesait lourd. Kennedy avait souhaité la voir, dès les premiers jours de la crise de Cuba.

— À quoi pensez-vous, Clare ? lui avait-il dit.

Elle raconte à Ralph G. Martin :

« Je lui ai dit qu'un homme, un grand homme, se résumait parfois en une seule phrase qui caractérisait une action unique et que l'on n'avait même pas besoin de connaître le nom de cet homme, puisque cette action l'identifiait immédiatement.

Il écouta pendant une minute et il me dit :

— Je ne vous suis pas bien, Clare.

— Eh bien, lui ai-je dit, nous sommes tous les deux des Américains et des catholiques, et je vais vous donner une phrase qui va tout de suite vous éclairer : "Il est mort sur la croix pour nous sauver." Pas besoin de chercher le nom ? Ou alors : "Il est parti pour découvrir un vieux monde et en a découvert un nouveau." Pas besoin de dire Christophe Colomb ? Ou bien : "Il a préservé l'État de l'Union et libéré les esclaves." Je ne vais quand même pas vous dire Lincoln ? Ou alors : "Il nous a sortis de la Grande Dépression et nous a aidés à gagner une guerre mondiale." Roosevelt ? Je n'ai vraiment pas besoin de dire les noms de ces hommes. Une seule phrase les a identifiés et définis. Alors, vous me demandez à quoi je pense ? Eh

257

bien, je me demande quelle phrase on pourra écrire à propos de votre nom quand vous quitterez la Maison-Blanche. Ça ne va quand même pas être : "Il a pu faire passer un bon décret sur l'agriculture..."

Le Président a naturellement compris :

— Ah, m'a-t-il dit, vous me parlez de Cuba.

J'ai admis que c'était exactement à cela que je pensais et je me suis sentie obligée de lui dire que la phrase que l'on devrait appliquer à son nom se devait d'être la suivante : "Il a brisé la puissance de l'Union soviétique dans l'hémisphère de l'Ouest", ou bien alors serait-ce : "Il ne l'a pas fait" ?

Il m'a raccompagnée et a fait un geste du bras vers une fenêtre du bureau ovale :

— Clare, chaque fois, désormais, que je regarderai à travers cette fenêtre, je n'oublierai pas cette phrase. »

11 ♦ Un de ses intimes dira :
— C'est le Président le plus fataliste qui ait jamais vécu à la Maison-Blanche.

12 ♦ Il y avait une citation traduite, plutôt lourdement, du grec et que JFK aimait citer à son entourage : « Le bonheur, c'est la pleine utilisation de vos pouvoirs afin de suivre les lignes

de l'excellence au cours d'une vie qui s'est donné les moyens de son ambition. »

13 • J'en reviens encore une fois à Cuba. À l'obsession qui habitait les deux frères, John et Robert, à propos de Fidel Castro. J'ai mentionné les tentatives variées et toutes avortées de complices ou exilés, qui, soutenus par des affiliés de la Mafia, ou de la CIA (ou les deux réunies), tentèrent d'assassiner Castro. Le plus surprenant fut rapporté par un journaliste du *New York Times.* On note, au passage, à quel point Kennedy aimait fréquenter les journalistes, aimait leur parler, frotter sa cervelle à la leur, soit pour les influencer, soit pour obtenir un supplément d'informations, et mettre dans la balance de son intelligence le poids de celle d'un autre. Ainsi, Tad Szulc raconte qu'en novembre 1961, sept mois seulement après le désastre de la baie des Cochons, il bavarde avec Kennedy. Szulc dit :

« Kennedy s'est levé de son rocking-chair et m'a lancé une question : "Que penseriez-vous si je donnais l'ordre de faire assassiner Fidel Castro ?" »

Szulc était tellement éberlué, stupéfié par une telle question qu'il bredouilla une réponse en formulant son opposition à tout assassinat politique. Et que, de toute façon, tuer Castro ne rendrait pas le problème cubain plus facile. Szulc a prolongé son témoignage : « Kennedy s'est assis à nouveau dans son rocking-chair, il a souri, et m'a dit qu'il avait essayé cette idée sur moi, parce qu'il subissait beaucoup de pressions de la part de certains conseillers appartenant à ce que l'on appelle la "communauté de l'Intelligence". » Les services secrets. Il ne nommait aucun de ces conseillers favorables au principe d'un assassinat de Castro. Szulc se souvient que Kennedy lui confia qu'au fond de lui-même, et cela pour des raisons d'ordre moral, il ne pouvait pas imaginer donner son accord à un assassinat politique. Habile, manipulateur, il ajouta à l'intention du journaliste : « Je suis très heureux de comprendre que vous pensez comme moi. »

Il y eut, néanmoins, de nombreuses et pitoyables tentatives. On peut imaginer qu'elles furent faites sans l'accord officiel de JF Kennedy, mais avec une approbation tacite du frère Bobby. C'est toujours comme ça, quand on est au pouvoir suprême. On ne dit pas : « Allez-y », mais on dit : « Faut voir. » C'est comme François Mitterrand, avec le *Rainbow Warrior*. Il n'a jamais donné l'ordre. Mais il n'a jamais donné le contrordre. Et c'est aussi de Gaulle, qui, lorsqu'on évoquait la rumeur sur Pompidou et sa femme pendant l'affaire Markovic, ne dit ni oui ni non, mais : « Faut voir. »

14 • Finalement, cet homme au visage parfois bouffi et jaunasse, couleur due à son Addison, ce

prince désinvolte au physique qui effaçait celui de n'importe quelle star d'Hollywood mais qui n'était qu'un corps injecté de corticoïdes, prisonnier d'un corset, aura été autant détesté qu'aimé.

Il était détesté des :

*   Exilés anticastristes.
*   Opérateurs de la CIA.
*   Militaires va-t-en-guerre.
*   Républicains conservateurs et « petits Blancs » du Sud.
*   Barons de l'acier (qu'il traita de « *sons of a bitch* » et qu'il obligea, après soixante-douze heures de négociations, à baisser leurs prétentions sur une hausse des prix).
*   De Frank Sinatra qui, rageur, brisa la moitié des installations qu'il avait fait aménager en urgence dans sa maison pour recevoir Kennedy. À la dernière minute Kennedy déclina, prévenu par Bobby comme par Hoover qu'il ne fallait pas trop s'approcher du sulfureux chanteur.
*   De la *Mob* — mais là, c'est toute la question, et c'est moins sûr. Après tout, si la *Mob* le tenait par les couilles, comme ont dit certains, pourquoi aurait-elle voulu s'en débarrasser ? Judith Campbell prétendit, en 1988, qu'elle transportait des valises pleines de dollars entre la Maison-Blanche et Giancana. Vingt-quatre ans plus tard, quel crédit apporter à cette déclaration faite par une fille sans éthique à l'intention d'un magazine de bas étage ? Ce qu'il y a de pathétique avec les années Kennedy — et,

a fortiori, avec l'assassinat à Dallas —, c'est qu'il n'existe plus un seul témoin, un seul acteur majeur vivant. On peut, dès lors, tout dire et tout faire dire. Tout faire dire à n'importe qui.

* Du Texas et de Lyndon Baines Johnson, qui, à l'origine, l'avait pris pour un « sale petit con, gosse de riche », mais finit par admettre qu'il s'était trompé et passa ses années de vice-présidence à l'observer, habité par un mélange contradictoire de haine et d'admiration. De jalousie et de respect.

Il était aimé ou adulé des :

* Démocrates, car ce fils de milliardaire s'opposait au grand capital.

* Noirs, qui l'avaient trouvé fort modéré, au début, dans ses efforts pour les émanciper, fort prudent, mais qui avaient apprécié son attitude ainsi que celle de Bobby, *General Attorney*, ministre de la Justice, pendant tous les incidents raciaux qui se déroulèrent dans le Sud au cours de sa présidence.

* Jeunes, pour qui il représentait l'avenir, et dont les discours les exaltaient, leur insufflaient le respect pour la vie politique, et qui admiraient son courage.

* Militaires, et surtout ceux de la Navy, qui se souviendraient toujours de son exploit dans le Pacifique, qui servaient la République et donc leur Président.

* Sportifs, et de la plupart des hommes de sa génération qui aimaient cet amoureux

262

de la voile, du *touch football*, qui imitaient sa démarche, ses vêtements, son *look* et ses manies, la représentation qu'il donnait d'une certaine « classe » américaine. Le contraire absolu des *rednecks* — les cous rouges, c'est-à-dire les ploucs du Sud, les Texans.

* D'une partie du monde du spectacle et de la culture — et cela grâce à l'activité efficace de Jackie.

* D'une grande majorité de l'opinion mondiale qui voyait en cet homme la parfaite idée qu'on pouvait se faire de l'Américain contemporain, et qui, après la résolution de la crise des missiles, accueillit avec soulagement le principe que Kennedy était devenu le leader du monde libre.

* D'une partie de l'establishment des médias, les patrons en particulier, les éminences grises de la presse écrite comme Bradlee ou Reston, qui savaient tout de ses extravagances, mais observèrent une incroyable omerta et l'imposèrent à leurs collaborateurs et qui, unanimes, louaient la qualité de leurs entretiens avec l'homme et avaient succombé à son charme.

* Des WASP, des Irlandais, des Italiens, des Polonais, de tous ceux qui, fils d'immigrants, voyaient dans la saga de cette famille une illustration de leur idée de l'Amérique, pays de la deuxième chance.

* Des femmes.

* De son frère, Bobby, personnalité aussi étonnante que JFK.

15 ◆ Il confiait :

« Je n'ai que quarante-six ans et si je fais deux mandats, eh bien, j'atteindrai une petite cinquantaine. La vie, à ce moment, sera complètement différente. Que ferai-je ? Écrire ? Prof à Harvard ? On verra, mais de toute façon, ça sera un *anti-climax.* » Traduire : une chute, une dépression.

16 ◆ Un Washingtonien le définissait ainsi : « Kennedy avait l'air d'un type qui vient de passer sa journée à la plage. »

17 ◆ Adlai Stevenson, qui avait été lui-même candidat deux fois à la présidence et deux fois balayé par Eisenhower, et qui crut un instant pouvoir rivaliser avec Kennedy, puis rejoignit les rangs de la cour, déclara :

« On ne peut pas résumer les choses autrement qu'ainsi : quand Cicéron avait fini de parler, le public disait : "Il a bien parlé." Mais lorsque Démosthène avait fini de parler, les gens disaient : "Marchons !" »

26

Qui voulait tuer le Président ?

Tout le monde, avais-je entendu lors de mon dîner chez les riches, à Dallas, en 1963. On a parlé de Johnson. Il lui succède à la minute où il meurt. On a suggéré, et parfois même affirmé, qu'il était derrière cet attentat, qu'il en avait approuvé, voire organisé, l'exécution. C'est une énorme galéjade. Lyndon Baines Johnson n'avait aucun besoin de faire tirer sur JFK, car il savait que la vie de celui-ci serait courte.

Lorsque Kennedy (qui est un redoutable politicien et un froid réaliste), en pleine négociation au cours de la convention du Parti démocrate à Los Angeles, sachant qu'il a besoin des voix du Sud et du Sud-Ouest, donc de Johnson qui les représente, lui propose d'être à ses côtés, sur le « ticket » de leur candidature, l'entourage de Johnson dit au Texan :

— Surtout pas ! Au Sénat, vous êtes à la tête de la majorité, vous êtes hyperpuissant et vous faites ce que vous voulez. À la vice-présidence, vous ne serez rien, un zéro, un figurant, un clown.

Johnson ne répond pas. Il consulte. C'est la fièvre dans les étages de l'hôtel Biltmore. Il écoute d'autres sons de cloche, en particulier celui de John Connally (le même homme qu'on va retrouver le 22 novembre 1963 à l'avant de la limousine à Dallas et qui, frappé d'une balle, faillit bien y laisser sa peau). Connally est un roublard, un gambergeur, un féru d'histoire. Il réfléchit. Mais il faut faire vite. Avec lui, deux autres sycophantes, James Rowe, grand spécialiste de la communication, et Bobby Baker, petite crapule aux ordres du Texan, corrompu jusqu'à la moelle. Ces hommes sont des animaux à sang froid, ils ne s'embarrassent d'aucun sentiment. À peine connaissent-ils le nom d'une fleur ou l'existence des libellules. Quand l'un des trois répète :

— Vous serez sous la coupe des Kennedy, vous ne pourrez même pas quitter la ville sans leur demander la permission.

Un autre lance la phrase clé :

— Peut-être, mais vous serez à un battement de cœur de la présidence.

« *A heart beat away from the presidency.* » Cette formule a hanté Johnson. Elle lui a sans doute permis de survivre à trois années d'humiliations car Bobby et les siens, plus que John, n'ont cessé de lui manifester leur mépris. Il était rejeté par l'élite de l'Est. Il se sentait abandonné et foutu. Il disait : « Je ne suis plus rien. » Il promenait sa

266

tronche livide et son regard lugubre dans des inaugurations dépourvues d'intérêt, et assistait, muet et impuissant, aux réunions du gouvernement, la gueule accablée, comme un malheureux figurant à qui l'on ne confiait aucune responsabilité, aucun secret d'État.

Mais il savait tout et avait tout appris de la maladie d'Addison de JFK, ce qui, d'ailleurs, avait choqué Bobby, qui le détestait. Le jeune frère Kennedy traitait Johnson de salaud, et Johnson le traitait de petite merde. « Si je pouvais, disait-il, je lui trancherais la gorge. » Ces gens-là ne parlaient pas la langue d'Emily Dickinson. Ce n'étaient pas des poètes. Kennedy lui-même était qualifié par Johnson, une fois qu'il eut compris à qui il avait affaire, de « tueur aux yeux froids ». Mais il y avait ce fameux « battement de cœur », et LBJ avait fait travailler ses équipes. Les statistiques donnaient le vertige : un président était mort en cours d'exercice à peu près tous les vingt ans. Dix vice-présidents avaient pu devenir présidents. Les chances qu'un vice-président accède à la Maison-Blanche étaient de une sur cinq. Ça méritait sacrément qu'on y aille.

LBJ rongea donc son frein du jour où il fut nommé vice-président, jusqu'à cette seconde, cette minute, à Dallas, quand son garde du corps, l'agent Rufus Youngblood (avec un nom pareil, on ne peut qu'avoir confiance), le plaque au sol de sa propre voiture, à l'arrière, parce qu'il est 12 h 32 et que Youngblood a entendu sur le fil des radios internes qu'on avait tiré sur le Président et qu'il sait, mieux que quiconque, que, désormais, LBJ est en passe de devenir le Président en titre. Il faut protéger le successeur. Tous les témoignages qu'a recueillis et rapportés Robert Caro, un grand historien, et qu'il détaille dans son formidable ouvrage, *The Passage of Power*, indiquent que Johnson, à cette seconde même, va se comporter de façon radicalement contraire au pantin ennuyeux des trois années qui viennent de s'écouler. Sang-froid, posture de calme, maîtrise, physionomie et attitude d'un homme qui réfléchit intensément, intégrant déjà l'idée que tout, soudain, va changer pour lui. La vérité, c'est que Johnson était prêt à cette tragique éventualité. Dans sa tête, il s'y était préparé. Peut-être même l'avait-il secrètement, dans les méandres les plus profonds de son cerveau reptilien, souhaitée et désirée (« Que tous ces enculés de Kennedy crèvent ! »). Aussi bien, quel besoin aurait-il eu d'ourdir je ne sais quel complot — et avec je ne sais combien de complices ?

D'autant que, devenu président, LBJ continua, au moins pendant la première année, les programmes et les politiques de réformes ébauchés par Kennedy. Il faut, dès lors, cesser de fantasmer et réfléchir plutôt aux bras des Parques. Les sœurs mythiques, Clotho, Lachésis et Atropos, qui coupent la trame et le fil du destin des hommes. Les Parques ! La mort est l'instrument de la vie. C'est la mort du frère aîné de Kennedy qui a transformé sa vie. C'est la mort de Kennedy qui écrit le fulgurant tournant du destin de Johnson. Telle est la vérité. Toute autre théorie relève de la fiction politique.

Johnson se confia, le soir du bal inaugural de la présidence, à la même Clare Booth Luce, dont j'ai parlé plus tôt, et qui s'adressait à Johnson avec la familiarité qu'une femme aussi influente pouvait avoir envers un homme qu'elle avait déjà fréquenté :

— Lyndon, pourquoi vous êtes-vous empêtré et plongé dans ce rôle dépourvu de pouvoir et d'intérêt ? Cette vice-présidence de l'insignifiance ?

Johnson répondit avec son lourd accent texan :

— J'ai bien regardé, un président sur quatre est mort en exercice. Je suis un joueur, ma chérie (*darling*), je suis un parieur (*gambler*), et le choix que j'ai fait, c'est la seule chance que je possède.

27

Le but de ce livre n'est pas d'épuiser ou passer en revue toutes les théories et contre-théories qui agitent historiens, journalistes, bloggeurs, et autres fanas de cette incroyable affaire. Je m'en tiens à ceci : aucune preuve tangible, aucun témoignage tangible (c'est à dessein que je répète ce terme) n'a pu valider une autre version que celle d'Oswald tireur isolé.

Les impressions et les intuitions, à l'âge de mes vingt-six ans, à Dallas, ma vision d'Oswald, Ruby, Will Fritz, et les réflexions ultérieures dues à mes années d'enquêtes, lectures, allers et retours permanents entre le doute, la certitude, une version plutôt qu'une autre, forment la synthèse de ce que j'appelle aujourd'hui mon « intuition raisonnée ». Elle me pousse à écrire : faute de mieux, il faut s'en tenir à Oswald. C'est lui qui a tiré sur JFK. Toutes les preuves sont là. Si l'on a autant travaillé (de façon parfois remarquable — ainsi ai-je découvert un brillant blog de Pierre Nau) sur tous les impondérables, les invraisemblances, les contradictions, les lacunes, les idiosyncrasies de cette enquête — balle magique, colline herbeuse, position de la tête de JFK quand il reçoit la deuxième balle, vengeance possible de castristes exilés, renégats de la CIA, mafieux en colère —, c'est que ça arrange tout le monde qu'il y ait un complot. C'est inévitable, souhaitable, désiré. Et, pour tout dire, confortable, rassurant.

Le grand romancier Norman Mailer, qui connut les années Kennedy et écrivit un livre entier sur Oswald, a confié un jour :

— J'aurais bien aimé qu'il y ait une conspiration, ça nous aurait tous arrangés. J'ai cherché, je n'ai pas trouvé. Mais ça nous aurait bien arrangés !

Car cela ennoblit Kennedy. Au moins, s'il y avait eu conspiration, il serait mort pour une juste cause, victime des forces conjuguées du Mal, ce qui l'aurait installé dans la posture du Héros. Tandis que, tombé sous les balles d'un loser frustré, ça ne va pas, c'est trop banal, ordinaire, c'est du fait-divers. Ça ne cadre pas avec le mythe, le sacrifié. Ça n'entre pas dans le schéma Jackie (*Camelot*, le roi Arthur, les vilains Texans) ni dans celui de Bobby, qui détruira les archives concernant la santé et la sexualité de son frère, afin de magnifier et de préserver la légende.

Bobby qui entretint de grands doutes fit procéder à une enquête parallèle dont Julius Draznin, un expert en Mafia, ressortit au bout d'un an avec ces mots : « *Nothing, Bobby, nothing !* »

Les trois historiens américains auteurs des

ouvrages les plus sérieux et documentés sur Kennedy, et pour lesquels j'éprouve respect et estime — Robert Dallek, Robert Caro, William Manchester —, ont tous exprimé la même pensée :

« Accepter qu'un acte de violence hasardeuse, commis par un obscur insatisfait, pouvait anéantir un président des États-Unis d'Amérique, c'était admettre un monde chaotique, désordonné, ce que redoutaient tous les Américains de l'époque. »

Plus loin :

« Le fait que les théoriciens du complot n'ont pas été capables d'offrir une preuve imparable qui justifie leurs soupçons ne semble pas troubler les gens. » Personne n'accepte, en effet, qu'il y ait, dans la vie, la « tragédie sans la raison », ainsi que l'avait écrit Anthony Lewis (*New York Times*).

J'accepte la tragédie sans la raison. Je fais ce pari. À mes risques, mais sans grand péril. Si une autre vérité que celle-ci n'a pas surgi, c'est qu'il n'y en a pas. Ou alors, s'il y en a une — je me serai trompé, ce qui n'est pas très grave —, elle est tellement énorme qu'elle déstabiliserait et détruirait tellement la base du système démocratique américain qu'on l'a enfouie pour toujours — dans les tombes des dix mille protagonistes de cette histoire, ce roman, le plus grand roman américain. Dix mille tombes. Dix mille secrets. Dix mille mensonges. Aucune vérité, sauf celle de l'irrationnel.

28

Il faut ajouter ceci : avec la transparence inouïe qui, désormais, régit nos sociétés, avec les archives du monde entier disponibles pour le monde entier, avec Wikileaks, Snowden, Google et le Web, cet Internet qui dénude toutes choses, avec les « lanceurs d'alertes », les doutes ne subsistent pas très longtemps.

Le KGB lui-même a ouvert ses archives. C'est le KGB, on le sait aujourd'hui, qui se dissimulait derrière la tentative d'assassinat du pape Jean-Paul II — ce qui, d'ailleurs, relevait d'une certaine logique d'État, puisque Jean-Paul II était un « caillou dans la chaussure » de l'URSS de l'époque. Mais voilà, on le sait ! Les grands secrets n'existent plus guère de nos jours. Cela ne signifie pas qu'il n'y a pas encore des mystères. Un secret, ça se découvre et s'explique. Un mystère, cela perdure, et cela fascine.

Il y a d'autant moins de doute que nous sommes aux États-Unis d'Amérique, le pays où tout citoyen n'a qu'un rêve, un objectif, une pulsion, une irrésistible passion : s'exprimer, se montrer, vivre ses « quinze minutes de célébrité ». Nous sommes au pays du spectacle télévisé permanent, celui dont mon ami et mentor Jean-Pierre Melville me disait un jour : « Chaque matin, ils se réveillent en se demandant à qui ils vont jouer la comédie » — la société de la confession incessante, de la vente au plus offrant de sa propre vie, ses propres déboires, ou ses propres méfaits, c'est la nation de la poursuite de la renommée et il semble inconcevable qu'une vérité « tangible » ne soit pas sortie.

Il en est surgi, certes, des thèses et des contre-vérités. Des gens qui, du Sud ou Sud-Ouest et parfois de l'Ouest, ont prétendu avoir joué un rôle, des condamnés à perpétuité, qui racontaient avoir tiré sur Kennedy alors que, ce jour-là, ils se trouvaient dans une autre ville, très éloignée du Texas (par exemple : James Files). Il y a eu des fils, des frères, des cousines, des cousins, des veuves, des petits-cousins, des petits-fils, qui, soudain, pour « passer à la télé », dans les années 70-80 et même 90, révélaient un nouveau tireur, une nouvelle certitude. Il était d'autant plus facile d'affirmer toutes sortes de choses que, peu à peu, les grands témoins, les vrais, les acteurs de la tragédie disparaissaient les uns après les autres. On a entendu une soi-disant ex-maîtresse de Lyndon Johnson raconter un dîner de comploteurs, la veille même de l'attentat, qui se serait déroulé pas loin de Dallas et auquel auraient assisté Hoover (patron du FBI),

Nixon (candidat battu par JFK), Hunt (agent de la CIA et futur acteur du Watergate), Murchison (milliardaire du pétrole), et Johnson lui-même, pour bien s'assurer que, le lendemain, on flinguerait Kennedy et on se débarrasserait du « *son of a bitch* ». C'est tellement grotesque : on sait très bien où se trouvait Johnson ce soir-là. Les ex-maîtresses, comme d'autres, ont voulu toucher leur cachet, et accéder à la notoriété. C'est le cirque à trois pistes des menteurs. La foire au n'importe quoi.

Enfin, et ce n'est pas le moindre de mes arguments, nous avons affaire à un pays, à une société, qui, en 1974, par la seule vertu pugnace, acharnée, persévérante, talentueuse, de deux jeunes reporters inconnus, Bob Woodward et Carl Bernstein — soutenus par une admirable *publisher*, la grande Katherine Graham, patronne du *Washington Post*, statue d'indépendance et de liberté d'expression — (avec, à ses côtés, un des brillants leaders de rédaction sans peur et sans inhibition, le plus pro parmi les pros, Ben Bradlee) —, une société, par toutes ces forces conjuguées, qui a révélé suffisamment de vérités pour contraindre un président des États-Unis, Richard Nixon, à démissionner. Parce qu'il avait menti, truqué, manigancé, et foulé aux pieds les principes des Pères fondateurs.

L'enquête a démarré en 1972. Nixon a sauté

de son siège en 1974. Il n'a pas fallu plus de deux ans à Woodward et Bernstein pour accomplir cet incroyable travail. C'était sans précédent. Mais ce n'est pas sans conséquences. On est, à cette occasion, définitivement entré dans le culte de la transparence. L'investigation à tous crins. Vous ne pouvez rien nous cacher — on finira bien par tout savoir. Le *Watergate* aura marqué un tournant de plus dans cette soif de connaître la vérité, et surtout de l'exposer aux citoyens. Tâche et mission d'un quatrième pouvoir, la presse, qui, s'il l'avait pu, aurait, de la même manière, révélé et démasqué, depuis 1963 jusqu'à ce jour, les auteurs de la conspiration qui aurait conduit à faire tuer John F. Kennedy. Il est vrai que ce quatrième pouvoir n'était pas, à l'époque, dépourvu d'une immense hypocrisie. Incroyable et inacceptable aujourd'hui, puisque, pendant trois ans, les patrons du *Post*, du *New York Times*, et d'autres institutions médiatiques, ont observé sur les écarts de conduite de Kennedy une omerta qui ne serait pas praticable au XXIe siècle. À moins que, eux aussi, n'aient voulu dissimuler la « grande vérité cachée » qui aurait ébranlé tout le système.

Jim Hoagland, une des légendes vivantes de cette institution qu'a été le *Washington Post*, éditorialiste deux fois couronné par le prix Pulitzer (la plus haute distinction qui revienne à un journaliste aux États-Unis), me dit :

— S'il y avait quelque chose, ça serait sorti !

Ça serait sorti parce qu'il y a eu les archives. N'oublie pas que Johnson, oui, Johnson lui-même, a fait voter un décret pour instituer le *Freedom of Information and Privacy Act*, le 4 juillet 1967, ouvrant ainsi l'accès à toutes sortes d'archives. C'est ainsi qu'en 1974 plus d'un million de pages, de documents concernant Kennedy ont été publiés.

Je lui réplique :

— D'accord, mais d'autres archives ont été détruites, sans doute sur ordre de Bobby, afin de structurer pour toujours la légende du frère aîné.

— Peut-être, mais si tu prends simplement la théorie du complot concocté par des renégats ou des cellules secrètes de la CIA, n'oublie pas, là encore, que les turpitudes de la CIA ont été dévoilées et purgées les unes après les autres, ne serait-ce que par les travaux de la commission McClellan dans les années 70, et la commission Rockefeller en 1975. Et l'on n'a rien trouvé.

Certes, Bobby Kennedy a manipulé la CIA, et a encouragé certains de ses agents à s'associer, de façon déplorable, avec quelques branches de la Mafia, dont le sinistre Sam Giancana, pour tenter d'œuvrer afin de dézinguer Fidel Castro. L'on peut aussi signaler que Johnson, sur la fin de ses jours, à moitié gâteux, bredouillait devant Walter Cronkite, qui fut le plus respectable *anchorman* (journaliste télévisé) de son temps, qu'il croyait que tout cela venait de Cuba. Il y eut huit tentatives pour se débarrasser de Fidel Castro sous l'ère des Kennedy : stylos empoisonnés et autres risibles entreprises dignes des Pieds Nickelés. Mais on imagine mal l'existence d'une « cellule noire et secrète » à l'intérieur de cette pieuvre du renseignement, et qui aurait délibérément planifié et accompli l'attentat de Dallas. C'est un thème formidable pour le romancier, un matériau merveilleux pour un DeLillo, un David Talbot, un Littell ou un Ellroy, mais il existe un gouffre entre la réalité et la fiction — même si cette fiction se nourrit, en l'occurrence, de la réalité. Ou, plutôt, comble les vides que la réalité propose.

Que la CIA ait totalement foiré son travail de renseignement à propos d'Oswald, et que, comme le FBI, elle ne l'ait pas « logé et suivi » de façon plus méticuleuse, puisqu'il constituait clairement un élément suspect, c'est une évidence. Oswald était un de ces marginaux potentiellement nuisibles, un de ces *stray dogs* (chiens errants) qui traversent la société américaine, un de ces losers pathétiques, affamés de gloire ou de mission à remplir. Les deux auteurs de l'attentat de Boston, en avril 2013 (Dzhokhar et Tamerlan Tsarnaev), sont les répliques de Mohamed Merah en France, en 2012 — et Oswald est leur père spirituel, le pionnier, l'archétype de l'individu qui a, peu à peu, tracé son chemin vers l'acte final et fatal, la signature de son obsession : être quelqu'un, faire quelque chose, se venger, punir, donner une leçon, exister ! La CIA et le FBI ont magistralement raté le dossier Oswald. Ils l'ont ignoré, sous-estimé, ils l'ont vendangé, vidangé, bousillé. Ils ont, comme pour le 11 septembre 2001, été aveugles et sourds — parce que les occupants de ces monuments administratifs, ces mammouths de la paperasse, étaient et demeurent encore englués dans leur routine de fonctionnaires zélés et apeurés, formés au grand principe universel d'ouvrir le parapluie. La loi numéro un de la technocratie et de la bureaucratie, sous n'importe quel régime : on botte en touche, on met tout ça dans un tiroir. Rappelons-nous : une jeune et laborieuse agente du FBI avait alerté, au cours de l'été 2001, depuis le Minnesota, ses autorités centrales à Washington. Il se passait de drôles de choses dans certaines écoles de pilotage, on signalait des types, tous d'origine saoudienne, qui apprenaient à faire décoller des Boeing mais semblaient ne pas beaucoup s'intéresser à la manière de les faire atterrir. Or personne n'a écouté la valeureuse jeune femme. Et pas plus les successeurs de Hoover que Hoover lui-même, qui, lorsqu'il apprit qu'un de ses agents au Texas (Hosty) avait fait acte de négligence vis-à-vis d'Oswald (qu'il avait repéré et répertorié), n'eut de cesse de faire disparaître les preuves de cette inconsistance. Hoover fit détruire des archives pour couvrir l'incompétence de ses services régionaux.

Cela veut dire que si la CIA comme le FBI ont joué un rôle quelconque au sein de la grande controverse (« Qui a tiré sur le Président ? »), ce n'est pas pour dissimuler qu'ils en étaient les auteurs, mais, tout simplement, pour se couvrir, travestir leurs erreurs, leurs faiblesses, leur magistrale et hilarante bêtise. Il est vrai que Hosty et d'autres étaient excusables : Oswald n'était, après tout, qu'un ludion agitateur, un *wannabe* (« celui qui aurait voulu être »), et on n'allait tout de même pas le suivre à la trace depuis son retour d'URSS, jusqu'à ses agitations procubaines et ses relations douteuses à New Orleans, et jusqu'à ce que, par un simple et pur hasard, il décroche un petit boulot dans un immeuble surplombant, qui, lorsqu'il obtint ce boulot, n'était pas encore connu comme situé sur l'itinéraire d'un futur voyage présidentiel à Dallas ! Oswald appartenait — et appartiendra toujours dans l'Histoire — à cette frange, cette marginalité, ces 5 % d'individus qui, à travers l'immense continent américain, représentent un danger potentiel — ni mesurable, ni mesuré, ni circonscrit, ni, par conséquent, neutralisé.

Ce qui est prodigieux, dans cette extraordinaire dramaturgie, c'est le contraste absolu entre les deux hommes, l'assassin et la victime.

Oswald était un loser, Kennedy un fanatique de la gagne.

Oswald était pauvre, démuni, malheureux et solitaire. Kennedy était riche, comblé de reconnaissance, jouisseur entouré d'une armée de fidèles.

Oswald était petit, relativement laid, déplaisait aux femmes et dérangeait les hommes. Kennedy était grand, d'une beauté à couper le souffle, plaisait aux femmes et fascinait les hommes.

Oswald était un esprit étroit, borné, amer, asocial et misanthrope. Kennedy était d'une intelligence haute, ouvert aux autres, habité par l'éphémère des choses et, par conséquent, capable de les transcender.

Oswald vivait un mariage incohérent avec une Russe illettrée, leurs rapports s'étaient détériorés, ils ne partageaient plus le même lit, le même domicile. Kennedy avait beau tromper Jackie, il l'admirait et elle, surmontant ses exaspérations, l'entourait d'affection.

Les cent derniers jours de son existence, Kennedy se rapprocha étroitement de son épouse, enfin conscient de la valeur qu'elle représentait. Les cent derniers jours de son existence, Oswald se sépara de Marina, qu'il avait souvent battue et qui lui refusait tout rapport sexuel.

Kennedy était le Roi-Soleil, l'homme le plus puissant du monde occidental. Oswald était la face cachée de l'Amérique, un personnage lunaire en quête d'un rôle, d'une raison d'être.

Kennedy était ce que l'on appelle un « libéral »,

un démocrate, faisant bon ménage avec les principes du capitalisme dans son pays. Oswald s'était nourri du marxisme, avait cru aux vertus de l'État totalitaire soviétique, haïssait les ploutocrates et les friqués.

Kennedy régnait, recevant ou visitant les chefs d'État de la planète, tentant, dans une période extrêmement tendue et difficile, d'établir un semblant d'ordre mondial. Oswald croupissait dans l'anonymat, tentant, au sein d'une société américaine parcourue par la violence (le Texas, les conflits avec Cuba, les extrémistes de droite comme de gauche), de devenir un symbole de rébellion et de justice.

Kennedy était un héros de guerre, doublement médaillé. Oswald avait été viré du corps des Marines (« *Dishonorable discharge* », c'est-à-dire « Renvoi à la vie civile pour manquement à l'honneur »).

Kennedy était un pragmatique, un cynique, un fataliste, un empiriste. Oswald était un erratique, un dogmatique, un sectaire, un monomaniaque.

Kennedy avait l'allure d'un prince — même s'il était un grand malade. Oswald avait la dégaine d'un vagabond — et c'était, sans doute, un malade.

Ils n'avaient, en réalité, que deux choses en commun. Premièrement, ils étaient nés sur le même sol, celui de l'Amérique, le continent des paradoxes, contrastes et contradictions. Deuxièmement, tous deux désiraient ardemment entrer dans l'Histoire. Et chacun le fit, à sa manière.

L'un s'habillait de bleu, l'autre de gris et de noir. Ils n'avaient rien en commun, strictement rien d'autre que ceci : un rendez-vous à 12 h 30, un vendredi 22 novembre, au Dealey Plaza de Dallas. Et si l'un, Kennedy, ignorait ce rendez-vous, l'autre, Oswald, n'y avait véritablement pensé que quarante-huit heures auparavant.

Oswald était la nuit. Kennedy était le jour. Seule la mort pouvait se charger de faire rencontrer ces deux éléments, en principe irréconciliables.

29

La transparence du XXIe siècle laisse à penser qu'il n'y a plus guère de doute. Mais cette même transparence permet, en revanche, d'avancer que, de nos jours, John Fitzgerald Kennedy n'aurait jamais pu être président des États-Unis. Dans une société aussi vétilleuse, désormais, sur le comportement de ses hommes publics, à peine aurait-il pu se porter candidat à la tête de son parti et s'engager dans les primaires. Pourquoi ? On l'a assez écrit. Trois choses : le sexe, la santé, la Mafia. Quelque part, à un certain moment, dans sa campagne dans le New Hampshire ou la West Virginia, aujourd'hui, un scandale ou un autre aurait éclaté et ruiné son image.

L'Amérique actuelle espionne ses concitoyens au nom de la transparence — tout savoir sur tout le monde, tout le temps, pour « éviter le terrorisme ». Des gouverneurs, des attorneys généraux, des Eliot Spitzer et autres Gary Hart ont définitivement compromis leur carrière pour avoir payé des filles faciles. Tous deux étaient promis aux plus hautes fonctions. Ce pays va, de plus en plus, chercher le candidat le plus « normal », le plus correct, bon mari, bon père de famille. Ford, Carter, Reagan, Bush, et, bien entendu, Obama ! Seule exception, Clinton — qui s'en est tiré de justesse. Le pays est conduit, comme l'avait prédit Tocqueville, à l'avènement d'une forme de « moyenneté », sinon de médiocrité. Kennedy, le brillantissime leader-séducteur, trop lourd d'ombre, trop aveuglant de sa fabuleuse lumière, n'aurait peut-être pas, de nos jours, accédé au bureau ovale.

Il reste qu'il y a ce nom, Kennedy, cette marque magique que l'on a apposée sur les caps d'où partent les fusées spatiales, dans les aéroports et les boulevards du monde entier, sur les pics de montagnes et les bibliothèques en Afrique, ce nom, mine d'or inépuisable pour les romanciers et les cinéastes. Il reste ce destin, celui d'un jeune et squelettique malade de la clinique Mayo devenu l'image idéale d'une Amérique qui n'existe plus. L'homme occidental dépassé, le centre de gravité bascule vers l'Asie. Un homme blanc et catholique, dont le lointain héritier aura été un Noir, dont le père était kényan.

30

Inutile de se demander ce qui serait arrivé si Kennedy n'avait pas été assassiné à Dallas. Je pense, d'abord, qu'il aurait été flingué ailleurs, une autre fois. Il vivait dans un danger permanent. Il le savait, ne cessait d'en parler. Il n'était pas destiné à atteindre ses quatre-vingt-seize ans, l'âge qu'il aurait aujourd'hui. Le Vietnam, les erreurs commises par Johnson, les années Nixon, à quoi bon faire de l'uchronie ? Et s'il n'était pas mort ? Vanité de ces questions. Il est mort, et l'Histoire a pivoté. Dallas n'est que le chapitre, mais le plus influent, d'une décennie, les *sixties*, l'une des plus importantes de l'histoire moderne des États-Unis.

Ce petit point noir qui grossissait à vue d'œil vers moi sur le campus de Yale pour devenir un jeune homme qui gueulait « *The President has been shot* » a démesurément pris du volume dans le grand livre du XXᵉ siècle. Mais, en fin de compte, l'Histoire n'est faite que de cela : des points noirs que seules la réflexion et l'étude peuvent éclaircir, mais que seule la légende enlumine, transcende, transforme, mythifie.

Des cris, des coups de feu, des explosions, du malheur, cette musique obsédante et absurde du « récit plein de bruit et de fureur qu'un idiot raconte et qui n'a pas de sens » (Shakespeare, dans *Macbeth*), j'en ai reçu l'écho pendant toute ma vie d'homme et de journaliste. Et pourtant, dois-je l'attribuer à l'empreinte de ma jeunesse, de toutes les vociférations et tous les vacarmes qui ont assourdi mon demi-siècle, c'est encore ce cri qui m'a peut-être le plus marqué. Le cri d'un point noir, lancé par un gamin éploré et incrédule qui venait m'annoncer la fin d'une époque.

Caroline, fille de JFK, a été nommée ambassadeur des États-Unis au Japon. Elle a prénommé son fils Jack Bouvier Kennedy Schlossberg. Ce jeune homme est le seul mâle directement lié par le sang à JFK. C'est son petit-fils. J'ai appris qu'il étudiait à Yale, sur le campus d'où est parti le point noir. Est-il possible qu'il entende encore, au plus profond de lui-même, comme un craquement ? Ce bruit semblable au pétard d'un feu d'artifice, qui fit irruption dans le ciel bleu de Dallas, au Texas, à 12 h 30, heure locale, un 22 novembre 63, il y a cinquante ans.

Francis Scott Fitzgerald :

*« Montrez-moi un héros
et je vous montrerai une tragédie. »*

Afin d'écrire ce récit, je me suis référé, avant tout, à mes carnets de notes de l'époque (1960-1970), mes comptes rendus pour *France-Soir*, mes nombreux entretiens avec diverses personnalités ayant joué un rôle pendant les années Kennedy (toutes mentionnées dans ce livre) et, enfin, au travail de ma mémoire.

Mais je me suis aussi appuyé sur la lecture — ou relecture — de quelques-uns, parmi les innombrables ouvrages parus aux États-Unis. Je ne mentionnerai que ceux qui m'ont inspiré et aidé, et dont j'ai, à plusieurs reprises, cité certains extraits. Ils comptent parmi les plus talentueux, objectifs et parfaitement documentés. Quatre dominent le lot :

The Death of a President — William Manchester (Harper and Row) (et sa réédition avec une nouvelle préface en 1988).

An Unfinished Life — Robert Dallek (Little Brown).

The Passage of Power — Robert A. Caro (Alfred A. Knopf).

President Kennedy : Profile of Power — Richard Reeves (Simon and Schuster).

Viennent ensuite :

Case Closed — Gerald Posner (Random House).

Reclaiming History — Vincent Bugliosi (WW Norton and Company).

A Hero for our Time — Ralph G. Martin (Mac Millan).

Killing Kennedy — Bill O. Reilly (Henry Holt).

The Best and the Brightest — David Halberstam (Random House).

The Dark Side of Camelot — Seymour Hersh (*Little and Brown*).

The Last Hundred Days of JF Kennedy — Thurston Clarke (The Penguin Press).

The Torch is Passed — AP, avec Saul Pell.

Pour la France, je retiens trois publications de qualité :

Qui n'a pas tué John Kennedy ? de Vincent Quivy (Éditions du Seuil). Travail approfondi, intelligent, fouillé et crédible.

Elm Street : l'assassinat de Kennedy expliqué par François Carlier (Publibook) qui est, à ce jour, selon moi, le plus sérieux document paru en France — une somme de 735 pages, établie par Carlier, un chercheur né en 1967, qui a consacré vingt-cinq ans de sa vie à l'analyse complète de tous les éléments du dossier.

Enfin, un beau hors-série de *FotoNews*, rédigé par François Dufour (Éditions Playbac).

Remerciements

À Ludovic Escande, mon éditeur chez Gallimard, précieux et permanent secours.

Farid Abdelouahab, documentaliste hors pair et conseil avisé.

Victoire Boussac, collaboratrice fidèle, pour son travail d'incessantes frappes du manuscrit.

Philippe Bernier, préparateur complice du manuscrit.

Remerciements particuliers à ceux qui m'ont aidé de leur amitié : Anne Boy, Jérôme Béglé, François Dufour, Axel Duroux, Alain Minc, Alain Moatti, Pascal Praud, Olivier Royant.

Et salut à Henri de Turenne, François Pelou — et à tous les fantômes de ma jeunesse : Jacques Chapus, Penn Jones Jr., Bob Kendall, Pierre Salinger, Michel Parbot, l'équipe de « Cinq Col » avec J. G. Cornu, les anciens de *France-Soir*, le flic sans nom de Dallas, le capitaine Will Fritz.

Enfin, à ma femme, Françoise, qui m'a accompagné dans mon travail, comme elle le fait depuis toujours, avec patience, encouragement, amour.

DU MÊME AUTEUR

Aux Éditions Gallimard

UN AMÉRICAIN PEU TRANQUILLE, 1960 (Folio n° 4171).

DES FEUX MAL ÉTEINTS, 1967 (Folio n° 1162).

DES BATEAUX DANS LA NUIT, 1982 (Folio n° 1645).

L'ÉTUDIANT ÉTRANGER, 1986 (Folio n° 1961). Prix Interallié 1986.

UN ÉTÉ DANS L'OUEST, 1988 (Folio n° 2169). Prix Gutenberg des lecteurs 1989.

LE PETIT GARÇON, 1990 (Folio n° 2389).

QUINZE ANS, 1992 (Folio n° 2677).

UN DÉBUT À PARIS, 1994 (Folio n° 2812).

LA TRAVERSÉE, 1996 (Folio n° 3046).

RENDEZ-VOUS AU COLORADO, 1998 (Folio n° 3344).

MANUELLA, 1999 (Folio n° 3459).

JE CONNAIS GENS DE TOUTES SORTES, 2002 (Folio n° 3854). Prix du Journal du Centre 2002.

LES GENS, 2009 (Folio n° 5092).

7500 SIGNES, 2010.

LE FLÛTISTE INVISIBLE, 2013 (Folio n° 5809).

« ON A TIRÉ SUR LE PRÉSIDENT », 2014 (Folio n° 6034).

Dans la collection « À voix haute »

MON AMÉRIQUE (1CD), 2006.

Aux Éditions Albin Michel

TOMBER SEPT FOIS, SE RELEVER HUIT, 2003 (Folio n° 4264).

FRANZ ET CLARA, 2006 (Folio n° 4612).

Chez d'autres éditeurs

CE N'EST QU'UN DÉBUT, avec Michèle Manceaux, *Jean-Claude Lattès*, 1968.

TOUS CÉLÈBRES, *Denoël*, 1979.

LETTRES D'AMÉRIQUE, avec Olivier Barrot, *Nil éditions*, 2001 (Folio n° 3990).

DES CORNICHONS AU CHOCOLAT, *Jean-Claude Lattès*, 2007.

MON AMÉRIQUE : 50 PORTRAITS DE LÉGENDE, *Éditions La Martinière*, 2012.

COLLECTION FOLIO

7209.	Elizabeth Jane Howard	*Confusion. La saga des Cazalet III*
7210.	Arthur Larrue	*La diagonale Alekhine*
7211.	Hervé Le Tellier	*Inukshuk, l'homme debout*
7212.	Jean-Christophe Rufin	*La princesse au petit moi. Les énigmes d'Aurel le Consul*
7213.	Yannick Bestaven	*Mon tour du monde en 80 jours*
7214.	Hisham Matar	*Un mois à Sienne*
7215.	Paolo Rumiz	*Appia*
7216.	Victor Hugo	*Préface de* Cromwell
7217.	François-René de Chateaubriand	*Atala* suivi de *René*
7218.	Victor Hugo	*Le Rhin*
7219.	Platon	*Apologie de Socrate*
7220.	Maurice Merleau-Ponty	*Le doute de Cézanne*
7221.	Anne Delaflotte Mehdevi	*Le livre des heures*
7222.	Milena Busquets	*Gema*
7223.	Michel Butor	*Petite histoire de la littérature française*
7224.	Marie Darrieussecq	*Pas dormir*
7225.	Jacky Durand	*Plus on est de fous plus on s'aime*
7226.	Cecil Scott Forester	*Hornblower aux Antilles. Capitaine Hornblower*
7227.	Mia Kankimäki	*Ces héroïnes qui peuplent mes nuits*
7228.	François Noudelmann	*Les enfants de Cadillac*
7229.	Laurine Roux	*L'autre moitié du monde*
7230.	Robert Seethaler	*Le dernier mouvement*
7231.	Gilbert Sinoué	*Le Bec de Canard*
7232.	Leïla Slimani	*Regardez-nous danser. Le pays des autres, 2*
7233.	Jack London	*Le Loup des mers*
7234.	Tonino Benacquista	*Porca miseria*
7235.	Daniel Cordier	*La victoire en pleurant. Alias Caracalla 1943-1946*
7236.	Catherine Cusset	*La définition du bonheur*

*Tous les papiers utilisés pour les ouvrages
des collections Folio sont certifiés
et proviennent de forêts gérées durablement.*

*Composition CMB/PCA
Impression Novoprint
à Barcelone, le 8 novembre 2023
Dépôt légal : novembre 2023
1ᵉʳ dépôt légal dans la collection : octobre 2015*

ISBN 978-2-07-046575-0 / Imprimé en Espagne

628357